（

Igloo
3

Alessandro Corbi, Pietro Criscuoli

Berlusconate

NUTRIMENTI

© 2003 Nutrimenti srl

Prima edizione marzo 2003
Terza edizione ottobre 2003
www.nutrimenti.net
via Appennini, 46 - 00198 Roma

Progetto grafico: BaldassarreCarpiVitelli - Roma
In copertina: *AFP*, foto Gerard Cerles
ISBN 88-88389-16-4

"Come dice il mio amico
Giampiero Alloisio,
io non temo Berlusconi in sé,
temo il Berlusconi in me"
(Giorgio Gaber)

Indice

Prefazione *di Paolo Rossi* — pag. 11
Introduzione — pag. 15
2003: un anno vissuto tragicomicamente — pag. 19
A tu per tu con il mondo — pag. 43
La sapete quella… — pag. 57
Romolo, Remolo e l'On. D'Avena — pag. 65
Come Napoleone — pag. 83
Ho avuto una fidanzata turca — pag. 95
L'Unto del Signore — pag. 107
Ultime parole famose — pag. 115
Che fusto! — pag. 137
Il giornalismo? Emilio Fede — pag. 143
Il Milan fa bene all'Italia — pag. 155
Mangiavano davvero i bambini — pag. 167
Son fatto così — pag. 177
Quanto mi sacrifico — pag. 187
Un perseguitato. Come Madre Teresa… — pag. 195
Alfabeto — pag. 201
Tifosi, adulatori, affini — pag. 217

Prefazione

Un tempo esistevano il comico e il re. O il signorotto, il potente, il padrone. Comunque due ruoli ben distinti e lontani.

Il comico poteva essere un buffone di corte o un saltimbanco da strada. Il primo, prendendo in giro il suo signore o i suoi amici o sotto-pari, in realtà lo adulava. Al massimo, negli scherzi più estremi, nei lazzi più osati, apriva una finestra sul ridicolo della corte e rendeva il signore meno distratto. E il secondo?

Il saltimbanco da strada - se di scuola satirica - ne tratteggiava i modi e il fare. Smascherandolo, lo rendeva buffo. Dava al popolo così conforto e una diversa visione di chi spesso lo comandava.

Entrambi sapevano chi erano e cosa facevano.

Ognuno sapeva stare al suo posto. Anche il re.

Oggi?

No, oggi viviamo proprio un altro mondo. Leggere questa raccolta di frasi, aneddoti, pensieri, aforismi, barzellette, insomma berlusconate, crea nel comico satirico professionista un profondo senso di smarrimento.

Chi è lui? Dove può iniziare o finire il suo mestiere? E soprattutto è possibile che un suo collega sia diventato capo del governo?

Insomma, il re è diventato anche buffone e il buffone quali altre arti conosce ora? Come potrà guadagnarsi il pane?

Non occorre più inventare, ricreare, caricaturizzare.

Il re fa già tutto da solo.

Lo fa anche meglio, spesso in modo insuperabile. Questa raccolta poi non può rendere tutto ciò che fa straripare il comico dalla pagina.

La mimica da cameriere invadente con corna e pacche sulle spallle nelle tournée internazionali. La ricercatezza nei costumi, il colbacco coi denti in Russia, il costume alla Totò nel matrimonio della figlia di Aznar.

E poi - senza invidia - non dimentichiamo che un comico che ha sei reti televisive e può registrare a casa sua, ogni volta che gli balza in mente, una nuova gag è un attimo, come dire, avvantaggiato su tutti i colleghi.

È troppo, troppo, troppo.

Ma forse una piccola ultima possibilità per un attore satirico di professione ancora c'è.

Può leggere questo libro a voce alta.

Recitarlo davanti a un pubblico.

Così com'è scritto.

Senza aggiungere nulla.

Farà meno ridere di Lui, ma almeno la serata è assicurata.

Come?

Semplice.

Non pagandogli la SIAE.

Paolo Rossi

Introduzione

Fracassone, buontempone, gaffeur, barzellettomane. Violento, trinariciuto, contraddittorio, leggero. Il vulcano Berlusconi è anche questo. Perché di tutto lo si può accusare, meno di essere un gufo impagliato. È uno show-man. Ma non solo. Il suo alter ego comico prorompe involontariamente anche quando si fa serio. Lo statista fa lo statista finché regge il volo, poi, fatalmente, inesorabilmente, va in stallo, e scende in picchiata con i suoi sprazzi da gag. In questo Berlusconi si è fatto un nome nel mondo.

Con Bush, con Putin e gli altri potenti della terra immancabilmente arriva al punto in cui prende il "nuovo amico" sottobraccio e gli spara una barzelletta. Incurante del drammone Lewinsky, non ha resistito neanche con Clinton ad una battutaccia sugli attributi virili molto poco politicamente corretta.

È riuscito a gelare il nordico Rasmussen spiattellando in conferenza stampa il super-gossip su Veronica, sua moglie, e Massimo Cacciari. Ha potuto ironizzare sulla fame nel mondo e sulla siccità in Sicilia. Non ha esitato a stabilire parentele tra terrorismo rosso, sinistra democratica e sindacato. Con i suoi pavoneggiamenti smisurati ha evocato l'immagine del pazzo che gira con lo scolapasta in testa. E naturalmente, seguendo la folle corsa della sua parlantina, è inciampato più volte in svarioni e strafalcioni.

Il malcapitato portavoce Paolo Bonaiuti, quando compare in pubblico con lui, ha il terrore stampato in volto. Suda freddo ancor prima che parli. Il duro mestiere dei tamponatori di falle è oscuro e faticoso. Cerca di nasconderci uno dei lati più caratteristici del premier. Come quando a Caceres tentò disperatamente di smussare, non potendole smentire, le arcinote corna esibite dal premier nella foto ufficiale del vertice europeo. Ma questo è un summit informale, guardate, c'è scritto pure nel documento ufficiale, spiegava Bonaiuti ai giornalisti. Le corna? Corna informali.

In ognuna della sue battute ciascuno può individuare la tessera di un puzzle che va a ricostruire la personalità complessa di un uomo che persino Veronica Lario fatica a comprendere:

"Certe volte, quando lo prendo tra le braccia, sento di conoscerlo veramente. Ma è una fuggevole illusione. Per tutti è talmente complicato conoscere bene un'altra persona…".

(*Ansa*, 17 luglio 1994, ore 17.10)

Berlusconate è un semplice taccuino di viaggio attraverso le sconfinate lande delle esternazioni pubbliche di Silvio Berlusconi. Le offriamo alla rilettura così come ci sono apparse nella polvere che già copre l'archivio degli ultimi anni senza alcuna pretesa di completezza e sistematicità.

Il taccuino diventa una sequenza e la sequenza disegna i tratti di un personaggio pubblico che si è visto affidare la guida di una nazione di 56 milioni di abitanti.

Come Alberto Sordi ha saputo rappresentare un 'tipo' di italiano del dopoguerra e del boom economico, così lui esprime forse una sintesi dell'italiano medio degli anni più recenti. Nelle sue dichiarazioni e battute ognuno potrà riconoscere un tratto di quell'umanità che ci circonda, a casa nostra come al bar, al mercato come in ufficio.

Il problema, semmai, è che lui fa di mestiere il Presidente del Consiglio, noi no.

Per tutte le dichiarazioni riportate abbiamo indicato le fonti da cui sono state tratte: i principali quotidiani e settimanali italiani e le più importanti agenzie di stampa.

Nota all'edizione aggiornata

Berlusconi è davvero incontenibile. Nel 2003 gongola nella veste di presidente di turno dell'Unione Europea. Ma non frena la sua lingua. Nel Parlamento europeo provoca un incidente diplomatico con la Germania, in Italia con le comunità ebraiche, nel mondo assolvendo Mussolini. Assicura e smentisce, promette e non mantiene. A Porto Rotondo, residenza estiva, si trasforma in un perfetto animatore da villaggio vacanze: canta, balla e fa baldoria con i grandi del mondo invitati nella sua Villa Certosa. Insomma, non si smentisce neanche da presidente europeo. Inevitabilmente allunga la lista delle battute e delle memorabili gaffe. Tanto da costringerci ad aggiungere, in questa nuova edizione, un corposo capitolo alle Berlusconate storiche.

A. C. e P. C.

Una vita difficile

**"Ho una barca a vela, ma in due anni ci sono andato soltanto un giorno. Sono due o tre anni che manco dalla mia casa nelle Bermude.
Lo stesso per la mia casa a Portofino, dove negli ultimi nove mesi ci ho messo piede soltanto una volta. Si rende conto? La mia vita è cambiata. La qualità della mia vita è diventata pessima. Che lavoro brutale... sempre solo, sempre qui da solo".**
(*Agi*, 9 maggio 2003, ore 15.18)

Incredulo, il giornalista del *New York Times* Frank Bruni annota questo sfogo di Silvio Berlusconi sui sacrifici della sua vita di statista. Naturalmente gli chiede perché fa questa vita grama.
"Se in questo momento lasciassi la politica, l'Italia cadrebbe nelle mani dei comunisti. Non vedo nessun altro oggi in Italia. Chi altri? Chi altri? È una domanda che mi pongo spesso, quando mi chiedo per quanto tempo ancora dovrò fare questa vita sacrificata".
(*idem*)

Che intende fare per le fibrillazioni nella maggioranza?
"Voi perdete tempo con queste cose e invece io anche di notte lavoro. Questa ad esempio l'ho scritta stanotte".
Tira fuori dalla tasca un foglio. Ci sono alcuni versi dattiloscritti. È la nuova canzone creata insieme a Mario Apicella...
(*La Repubblica*, 26 luglio 2003)

Basic Instinct

C'era un tempo in cui le ragazze attendevano paziente-
mente il loro turno pur di averlo tra le braccia. Lo racconta compiaciuto proprio lui, sempre a Frank Bruni.
Berlusconi gli fa vedere un foglietto sgualcito con tanti
nomi di donna. Risale ai tempi del liceo. E rivela:
"Era la lista d'attesa".

E dopo un americano, tocca ad un giornalista russo ri-
manere di stucco davanti alle esibizioni del presidente
del consiglio.
Andrei Kolesnikov, del *Kommersant*, descrive così la performance di Berlusconi durante la conferenza stampa congiunta con Putin, nel sontuoso albergo di Porto Rotondo:
*"Una giovane giornalista italiana in abito succinto si è sedu-
ta davanti a Putin protendendo il registratore e divaricando le
gambe. Il panorama, dalla reazione di Berlusconi, non poteva-
no sognarselo neanche gli agenti dell'FBI interrogando Sharon
Stone in 'Basic Instinct'. Il premier ha chiuso gli occhi, ha teso
le braccia verso la giornalista e, a gesti, ha descritto la visione
che gli si era parata davanti agli occhi. Vi assicuro, erano gesti espressivi, da artista".*
(*La Repubblica*, 2 settembre 2003)

Ma quello di Berlusconi per le belle donne è un chiodo fisso. A settembre, nel famoso show di Wall Street, invitando
gli americani a investire da noi sfodera questo argomento:
**"Un altro motivo per venire ad investire in Italia è che ol-
tre al bel tempo e alla bellezza dell'Italia, abbiamo anche
delle bellissime segretarie, delle bellissime ragazze. Consiglio a tutti di fare investimenti da noi, perché li farete
in letizia e con la gioia se non altro negli occhi".**
(*Ansa*, 24 settembre 2003, ore 16.42)

Qualche mese prima aveva teorizzato:
**"La bellezza aiuta il rendimento nel lavoro, e questo va-
le non solo per i belli ma anche per tutti coloro che vi la-
vorano a stretto contatto di gomito".**
(*Ansa*, 12 marzo 2003, ore 16.19)

Strip-tease:
"C'è stato lo spoils system è vero, è un sistema moderno, noi l'abbiamo applicato. Io personalmente non ho spogliato nessuno... spogliare la propria segretaria oggi è peccato grande, giustamente perseguito penalmente".
(*Ansa*, 5 febbraio 2003, ore 19.53)

Parlando della riforma della scuola:
"Si potrà passare liberamente dal canale della formazione a quello dell'istruzione. Se la bionda più bella è nell'altra classe, si può fare...".
(*Agi*, 12 marzo 2003, ore 15.11)

Il donnaiolo spunta fuori sempre, anche se polemizza con i magistrati. Ecco cosa dice durante un bagno di folla a Udine, in campagna elettorale:
"È un diritto dei cittadini rivolgersi alla Cassazione se l'atmosfera non fa presagire che ci sia un giudizio imparziale perché magari qualcuno ha fregato la fidanzata al presidente del tribunale: a noi succede perché siamo 'tombeur de femmes', mai di un amico però, di un magistrato questo è decente...".
(*Ansa*, 11 maggio 2003, ore 17.50)

Un giornalista riesce a intervistare la moglie di Berlusconi e le domanda: vede spesso suo marito o lo sente solo per telefono? Veronica Lario risponde:
"Non c'è solo il telefono: qualche volta mi capita anche di vederlo in televisione".
(*La Repubblica*, 17 luglio 2003)

Il giornalista prende il coraggio a quattro mani e le chiede della sua storia con Massimo Cacciari, un pettegolezzo spiattellato (con sdegno) da Berlusconi. Veronica risponde:
"Mia figlia Barbara si è iscritta alla facoltà di filosofia dell'Università del San Raffaele, in cui insegna proprio Cacciari. Mi sembra una situazione ideale, non le pare?".
(*idem*)

Giustizia da manicomio

Imprenditore a Milano:
"Era un calvario, dovevi andare e far passare la pratica da un ufficio all'altro e qualche volta ci dovevi andare con l'assegno in bocca...".
(*Agi*, 9 maggio 2003, ore 19.01)

Dei magistrati pensa tutto il male possibile. In una clamorosa intervista a *The Spectator* dice:
"Questi giudici sono doppiamente matti! Per prima cosa perché lo sono politicamente, e secondo sono matti comunque. Per fare quel lavoro, devi essere mentalmente disturbato, devi avere delle turbe psichiche. Se fanno quel lavoro è perché sono antropologicamente diversi dal resto della razza umana".
(*Ansa*, 4 settembre 2003, ore 12.07)

Nell'intervista Berlusconi si difende anche dall'accusa di aver pagato il giudice romano Renato Squillante per aggiustare i processi:
"Squillante non era un giudice in nessuna delle nostre cause, quindi non capisco come sia successo. Gli italiani credono in me e non credono ai giudici".
(*idem*)

Credergli?
In realtà il 24 maggio 1984, alle 12.50, Silvio Berlusconi in persona si presenta nell'ufficio del giudice Renato Squillante per un'inchiesta nota come 'antenna selvaggia'. E viene prosciolto.

La 'dimenticanza' viene scoperta dal quotidiano *La Repubblica* del 14 settembre 2003, che ricorda anche un passo delle dichiarazioni spontanee di Berlusconi al tribunale di Milano del 17 giugno 2003:
"Non ho mai incontrato il dottor Squillante".
Credergli?

La maggioranza approva il cosiddetto 'Lodo Schifani' (la

legge che sospende il processo SME, in cui è imputato per corruzione dei giudici). Ma lui ha sempre sostenuto:
"È una barzelletta dire che mi sottraggo ai processi".
(*Ansa*, 30 dicembre 2002, ore 20.15)

I consigli di Pier Ferdinando:
"Mi ha telefonato Casini. Sostiene che se va avanti così vince la sinistra a mani basse. Non bisogna pensare solo alla giustizia, dice".
(*Libero*, 19 agosto 2003)

Che evidentemente il Cavaliere non apprezza sempre:
"Da quando il suocero (il costruttore-editore Caltagirone, *nda*) **lo porta sulla barca di 40 metri si è montato la testa"**.
(*La Repubblica*, 2 ottobre 2003)

Eurogaffe, Mussolini e Champagne

"Mi diverto a suscitare delle reazioni e non ho motivo alcuno per cambiare".
(*Ansa*, 9 settembre 2003, ore 16.52)

Debutta come presidente di turno dell'Unione Europea a modo suo. Alle critiche del capogruppo Spd al Parlamento europeo, il tedesco Martin Schulz, replica:
"Signor Schulz, so che in Italia c'è un produttore che sta montando un film sui campi di concentramento nazisti. La suggerirò per il ruolo di kapò".
(*La Repubblica*, 3 luglio 2003)

La mimica beata con cui Berlusconi, dicendo questa battuta al Parlamento Europeo di Strasburgo, inciampa nella più disastrosa delle sue gaffes, è uno spettacolo. Ma di lì a poco il sorriso gli si spegne. Pranzi disertati, ambasciatori convocati, proteste continentali. Il volto pallido di Gianfranco Fini, il cazziatone del presidente del Parlamento, Pat Cox (*"Silvio, che c... hai combinato?!"*), l'imbarazzo del Quirinale: si addensa di tutto sul capo del Cavaliere. Che cerca di districarsi, con grande pena, dal colossale incidente:

"Quando dopo mi sono guardato nello specchio, mi sarei morso la lingua… avrei fatto meglio a tagliarmela, la lingua".

(*La Repubblica*, 4 luglio 2003)

Ma nel tentativo di sdrammatizzare, incappa in un'altra figuraccia:

"In Italia tengono banco da decenni storielle sull'Olocausto. Gli italiani sanno scherzare sulle tragedie per superarle e forse non abbiamo la sensibilità che avete voi in Germania".

(*La Repubblica*, 3 luglio 2003)

Riccardo Pacifici, portavoce della comunità ebraica romana, protesta: le dichiarazioni di Berlusconi sono *"un'offesa agli italiani che si indignano di fronte a quei pochi imbecilli che raramente raccontano barzellette sull'Olocausto".*

(*Corriere della Sera*, 3 luglio 2003)

Due mesi dopo, in un'intervista a *La Voce di Rimini* e al settimanale britannico *The Spectator*, Berlusconi incorre nell'ennesima gaffe sul fascismo e Mussolini, dittatore 'benevolo':

"Mussolini non ha mai ammazzato nessuno, Mussolini mandava la gente a fare vacanza al confino".

(*Ansa*, 11 settembre 2003, ore 10.26)

Le reazioni indignate non si contano… Romano Prodi se la ride:

"Il problema sorgerà quando Berlusconi legittimerà Stalin e lo stalinismo. Allora per il centrosinistra ci saranno dei problemi".

(*Ansa*, 12 settembre 2003, ore 19.31)

Perfino Fedele Confalonieri (presidente di Mediaset e amico intimo del Cavaliere) non ne può più:

"Il signor Berlusconi le battute le fa e se stesse un po' più zitto sarebbe meglio".

(*Ansa*, 12 settembre 2003, ore 19.45)

Ma lui:
"Ma quale gaffe!... Dall'opposizione magari arrivassero critiche. Mi colpiscono solo con insolenze e insulti...".
(*Ansa*, 12 settembre 2003, ore 18.02)

Berlusconi è costretto a recuperare e accusa giornalisti e avversari politici. Ma è costretto anche a incontrare le comunità ebraiche, a porgere scuse e a dare spiegazioni:
"Eravamo alla seconda bottiglia di champagne bevuta in terrazza nella mia villa di Porto Rotondo".
(*La Repubblica*, 18 settembre 2003)

Per ottenere il perdono degli ebrei italiani Berlusconi declina ad un pubblico stupito l'origine dei suoi geni antifascisti:
"Anche un mio familiare è stato manganellato".
(*Idem*)

Non solo:
"Poi, lo colpirono i reumatismi quando dormiva sotto i ponti ai navigli".
(*Idem*)

Ma le bugie hanno le gambe corte e il riferimento di Berlusconi all'alcool generosamente bevuto nel corso della chiacchierata viene impietosamente smentito da uno degli autori dell'intervista, Nicholas Farrel:
"Mio Berlusca, tu sei grande e io ti voglio bene. Ma la verità è sacra e tu non hai detto la verità: infatti hai raccontato alcune frottole. E io ho le prove".
(*Ansa*, 20 settembre 2003, ore 16.06)

"Ma va', Berlusca! Tu sai bene quanto noi che l'unica cosa che abbiamo bevuto durante l'intervista era tè freddo al limone - caraffe e caraffe".
(*Idem*)

Il difficile rapporto con la storia si nota anche quando si tratta di celebrare alcune date simbolo. Questa è la giustificazione per l'assenza alla manifestazione del 25 aprile, anniversario della Liberazione dal nazi-fascismo, con il presidente Ciampi. È sempre lui a raccontare, da Porto Rotondo:

"Ho proprio bisogno di un periodo di riposo. Devo staccare per un po'. Mi devo curare la mano sinistra. Mi sono fatto male il 23 dicembre scorso a San Giuliano. Per suonare la campana della nuova chiesa ho scaricato sul braccio tutti i miei 85 chili e mi sono stirato i tendini. E poi qui posso lavorare al mio terzo libro, *La forza di un sogno*, e sentire al telefono i leader internazionali".
(*La Repubblica*, 24 aprile 2003)

Lo statista

Il paragone ardito di Gustavo Selva:
"Berlusconi come De Gasperi dopo la seconda guerra mondiale, impegnato per la democrazia e la libertà".
(*Ansa*, 31 gennaio 2003, ore 13.16)

Muscoli:
"Un presidente *marine* non sarebbe niente male. Del resto i muscoli ci sono, starei molto bene".
(*Ansa*, 11 aprile 2003, ore 19.47)

Il perno di George W.
"... Però io posi una premessa. Ed era questa: il bene più prezioso è la liberta. La libertà dell'individuo, come sorgente di democrazia, a sua volta basata sui diritti umani. Le democrazie non fanno guerre di solito. Le democrazie si aprono ai commerci e danno prosperità. Bush fu molto colpito, accettò questo ragionamento. Dopo l'11 settembre questo è stato il suo perno ideologico".
(Libero, 24 agosto 2003)

"Quando ho visto di recente Bush mi ha abbracciato, e mi ha detto di aver discusso con teologi protestanti delle tesi che gli avevo esposto: ci sono fondamenti nella Bibbia".
(*Idem*)

Me l'ha raccontata Bush:
"Clinton e Hillary fanno un giro in macchina. Si fermano ad una stazione di rifornimento e Hillary bacia e abbraccia il benzinaio. Quando risale in macchina lei rivela: è stata una mia fiamma. Bill: se sposavi lui ora saresti una benzinaia. Hillary: no, lui sarebbe il presidente degli Stati Uniti".
(*Idem*)

Io e George:
"Sono stato al telefono con il presidente Bush che mi ha riferito dei colloqui in Medio Oriente e abbiamo concordato la linea da tenere nei prossimi giorni…".
(*Ansa*, 6 giugno 2003, ore 18.00)

Conferenza stampa con Putin:
"Capisco che si sta parlando di grandi problemi - *chiude il premier con una battuta dopo una lunga risposta di Putin sul ruolo dell'Onu e della Russia nella vicenda irachena -* **ma sono digiuno da ieri e vorrei andare a pranzo".**
(*Agi*, 29 luglio 2003, ore 21.26)

Quando ce vo' ce vo':
"Ma ora io vorrei che la comunità delle democrazie premesse sulla Corea del Nord, ponesse degli aut aut a Fidel Castro: i dittatori se ne devono andare. Altrimenti si può minacciare l'uso della forza".
(*Idem*)

La sinistra e Cuba:
"Ancora oggi difende le dittature, ora quella di Fidel Castro. E questo non si può consentire. Mi consenta, ma non lo consento".
(*Corriere della Sera*, 24 aprile 2003)

A Wall Street, davanti alla più importante comunità finanziaria del mondo:
"L'Italia è un paese straordinario per fare investimenti ora. La riprova è che il presidente del Consiglio vi ha investito tutti i suoi soldi e credo che sia un buon argomento".
(*Agi*, 24 settembre 2003, ore 15.47)

"In Italia, oggi, ci sono molti meno comunisti. Erano al 34%, ora sono al 16% e negano di essere mai stati comunisti".
(*Agi*, 24 settembre 2003, ore 15.47)

Prometto e garantisco che...

Il condono edilizio diventa uno strumento chiave della finanziaria per il 2004. Servono soldi, dice Berlusconi. Ma qualche mese prima sosteneva:
"Abbiamo aperto un altro capitolo che sta molto a cuore a tutti noi e a me in particolare ed è la lotta all'abusivismo".
(*Agi*, 22 gennaio 2003, ore 16.34)

Quindi:
"Non c'è nessuna sanatoria". Nessuna **"ipotesi di condono".**
(*idem*)

La ripresa

"Il 2003 è l'anno della ripresa".
(*Agi*, 27 dicembre 2002, ore 11.05)

Nel secondo e nel terzo trimestre 2003 il Pil (prodotto interno lordo, cioè la ricchezza prodotta) scende sotto zero, a meno 0,1 per cento. Non accadeva dal 1992.

A maggio 2003, piena campagna elettorale, nel corso di *Porta a porta* promette solennemente che a giugno il governo varerà un decreto legge per sostenere
"certi consumi e il turismo".
(*Ansa*, 22 maggio 2003, ore 18.55)

Il provvedimento, spiega Berlusconi, cercherà
"di incentivare il turismo interno e quello proveniente dall'estero. Mobiliteremo l'Alitalia, i treni, i musei per invogliare gli italiani a un turismo culturale".
(*idem*)

Ma del decreto si perde traccia.
Del resto le sue idee per stimolare i consumi sono leggendarie:
"Dovremmo far uscire di più le nostre mogli per far aumentare i consumi, loro sanno benissimo cosa fare. Mia moglie dice: 'Faccio del mio meglio, tu mi dici che bisogna spendere'. Lei e le sue amiche, che sono terribili consigliere, sanno cosa fare".
(*Ansa*, 10 maggio 2003, ore 13.19)

Oppure:
"Dovrei fare come Roosevelt, dire ai cittadini: uscite di casa, datevi da fare, verniciate le vostre case, abbellite le vostre aiuole, mandate i vostri figli a scuola con i vestitini nuovi. Questa è la ricetta vera".
(*Agi*, 22 maggio 2003, ore 19.24)

In ogni caso:
"Grazie a Dio abbiamo la capacità creativa di Tremonti".
(*Radiocor*, 17 gennaio 2003, ore 19.55)

La finanziaria 2003 non taglia le tasse. Prima o poi succederà:
"Appenderò con un cappio Tremonti alla quercia più grossa del mio giardino, se non lo facciamo";
(*La Repubblica*, 6 ottobre 2003)

Non si vedono neanche le grandi opere, per questo lui giura che tornerà
"presidente operaio con l'elmetto in testa sui cantieri".
(*Idem*)

Per lottare contro
"un sistema di ostacoli messo in piedi dalla sinistra e dai verdi".
(*Idem*)

Altro giro, altro inciampo. Il 16 maggio 2003 scadono i termini del condono fiscale, e qualche giorno prima Berlusconi annuncia uno slittamento:

"C'è stato uno spostamento in avanti, il 16 era la scadenza. È stato prorogato per far sì che non si arrivi trafelati. È stato prorogato di poco, di qualche ora. Credo che l'intenzione del ministro sia stata resa nota".
(*Ansa*, 10 maggio 2003, ore 12.28)

La decisione (delicatissima perché riguarda migliaia di contribuenti) viene smentita. E comincia l'esilarante balletto delle precisazioni. Passa un'ora e Berlusconi si precipita a dire:
"Non c'è nessuna decisione del governo su una proroga di alcune ore del condono".
(*Ansa*, 10 maggio 2003, ore 13.34)
Poco dopo, comunicato ufficiale della presidenza del consiglio:
"*Confermiamo quanto ha già chiarito il presidente Berlusconi alla stampa: non c'è nessuna proroga per quanto riguarda il condono*".
(*Ansa*, 10 maggio 2003, ore 14.05)

Passa poco più di un mese e arriva questo dispaccio d'agenzia:
"*I termini per aderire alle sanatorie fiscali sono stati prorogati fino al 16 ottobre 2003. È quanto si legge nel comunicato diffuso da Palazzo Chigi al termine del consiglio dei ministri odierno*".
(*Ansa*, 19 giugno 2003, ore 18.53)

In Libia con i nostri soldati

Berlusconi annuncia in pompa magna. Tg e giornali amplificano la notizia. E lì, spesso, si chiude tutto: non è importante che accada. Come quando, nell'aula del Senato, davanti all'invasione di clandestini a Lampedusa, proclama:
"Ci stiamo preparando alla firma congiunta di un accordo che prevede l'invio di soldati italiani per il controllo di porti libici e delle frontiere che consentirà alle nostre navi di navigare nelle acque libiche".
(*Ansa*, 26 giugno 2003, ore 16.52)

La Libia smentisce.

Tranquilli, vinciamo.

La campagna elettorale amministrativa della primavera 2003 riserva brucianti sconfitte per il centrodestra e Forza Italia in particolare. Ma alla vigilia Berlusconi esibisce un ottimismo granitico.

A Brescia, dove vincerà il candidato dell'Ulivo, prima del voto assicura di essere in possesso di sondaggi che assegnano alla coalizione un consenso...
"addirittura superiore a quello ottenuto alle politiche".
(*Ansa*, 8 aprile 2003, ore 18.24)

E sempre a Brescia, in una manifestazione a sostegno di Viviana Beccalossi, sentenzia sicuro:
"Con questo entusiasmo, mi sembra che abbiamo già vinto".
(*Ansa*, 8 aprile 2003, ore 19.41)

Nella stessa occasione non rinuncia ad una battutaccia:
"Forza Viviana, fagliela vedere!".
(*idem*)

A maggio altro mega-show a Udine. Fascio di luci, inno azzurro sparato da amplificatori monumentali, e lui che si scioglie:
"Sarà per l'età che avanza, ma quando lo ascolto il cuore mi palpita sempre di più".
(*Il Messaggero Veneto*, 12 maggio 2003)

Qualcuno gli grida: *"Tieni duro, Silvio"*, e lui:
"Non abbiate paura che su questo non mollo; e poi adesso ci sono le pillole".
(*idem*)

Naturalmente anche qui (in Friuli ci sarà la clamorosa vittoria del candidato di centrosinistra, Riccardo Illy,

che sfilerà la Regione agli avversari) si dice sicuro della vittoria:
"Siamo sereni perché vediamo gli avversari al tappeto".
(*idem*)

Alla provincia di Roma il presidente uscente del centro-destra, Silvano Moffa, verrà sconfitto dall'avversario, ma Berlusconi è sicuro di dover banchettare:
"Gli ho detto che ritornerò qui molto volentieri per festeggiare la sua rielezione e la sua possibilità di dedicarsi per altri quattro anni al servizio dei cittadini".
(*Ansa*, 23 maggio 2003 ore 14.11)

A Pescara (altra sconfitta per la coalizione di governo) per sostenere il candidato sindaco Carlo Masci, Berlusconi si riesibisce anche nelle mitiche corna, dà consigli al suo candidato sulla pettinatura e assicura che la calvizie è **"tipica di quelli che sviluppano molto il cervello".**
(*idem*)

Prima, arrivando nella città abruzzese, si era lasciato andare alla poesia:
"Osservavo il vostro mare e mi dicevo: guarda che azzurro, sarà di Forza Italia anche lui".
(*idem*)

Gaffe&gag&battute

Quando muore Gianni Agnelli, il padre-padrone della Fiat, Berlusconi ricorda il loro primo incontro:
"Ricevetti l'invito a recarmi a casa sua. Era curioso di conoscermi poiché gli avevano parlato di me e quindi, naturalmente, voleva incontrare questo giovane imprenditore rampante. Senonché io possedevo una lussuosa Mercedes, dunque mi venne il dubbio se fosse il caso di presentarmi con quell'auto. Finì che ci andai con una 130 Fiat".
(*Ansa*, 25 gennaio 2003, ore 9.14)

La morte di Alberto Sordi:

"Ho perso, abbiamo perso l'amico di sempre e ci sentiamo davvero più soli".
(*Ansa*, 25 febbraio 2003, ore 17.23)

Il presidente del Consiglio Silvio Berlusconi non farà visita questa sera alla salma di Alberto Sordi.
(*Ansa*, 26 febbraio 2003, ore 21.47)

La morte di una persona cara:
"Che cosa devi dire? Le parole non servono. L'uomo è 'pulvis et humbra'. Chi è che li ha scritti, Fedele?".
(*Libero*, 24 agosto 2003)

La bella morte:
"Un antidolorifico? No, grazie. I dolori preferisco sopportarli. So che morirò lavorando. Un ictus, un infarto. Sarebbe un buon modo di morire".
(*Idem*)

Una gag tira l'altra

Nella foga dei discorsi inciampa in sfondoni e strafalcioni, grattate di italiano e latino come quando da Parigi, il 5 giugno 2003, parla di rapporti **"intergovernamentali"** con la Francia (*Tg1*, ore 20).
E nell'aula del Senato si cimenta ancora una volta nel latino, sbagliando la citazione:
"La storia ci insegna che 'senatores probi viri'... e non dico il resto".
(*Ansa*, 19 marzo 2003, ore 14.42)

Ma la frase esatta è: 'senatores boni viri, senatus autem mala bestia' (i senatori sono ottime persone, ma il Senato è una brutta bestia).

Tipico di Berlusconi è bersagliare amabilmente qualche malcapitato che gli finisce sotto tiro in una cerimonia. La sciagura si abbatte sul dottor Collins, irlandese, responsabile della ricerca nel centro bioteconologico della Menarini

(una casa farmaceutica). Prima ironizza sulla sua voce:
"Non vorrei fare il rovina-famiglie, ma mi domando come possa fare le dichiarazioni d'amore imitando il doppiatore di Stanlio e Olio".
(*Ansa*, 12 marzo 2003, ore 16.19)

Quello rimane di stucco, e Berlusca rimedia:
"Poi gliela spiego...".
(*idem*)

Più avanti altra figuraccia. Dice al povero dottor Collins che gli porterà i saluti del premier britannico Blair, quando lo sentirà. Ma qualcuno gli fa sapere che Collins è irlandese. Berlusconi si arrende:
"Se vado avanti così, faccio una terza gaffe".
(*idem*)

Gli sfondoni si sprecano. A Udine tuona:
"Avremmo candidato Renzo Piano".
(*Ansa*, 6 giugno 2003, ore 21.24)

Confondendo l'azzurro Lorenzo Tondo con il noto architetto che ha progettato, tra l'altro, l'Auditorium di Roma. Poi aggiunge:
"Due giorni fa a Brescia, o forse era solo ieri...".
(*idem*)

Si accorge dello stato confusionale e si giustifica:
"Queste cose succedono quando il cervello va a una velocità superiore alle parole".
(*idem*)

Lettore? A chi?

Tanta è la fatica che non legge più niente:
"Ormai i giornali non li leggo quasi più. Bonaiuti si è abituato all'idea della signora Thatcher e mi fa leggere solo le cose che mi fanno piacere".
(*Agi*, 1 agosto 2003, ore 14.27)

E al quotidiano tedesco *Bild* confida:
"Sebbene sia il titolare della più importante casa editrice italiana, devo ammettere che probabilmente da 20 anni non ho più letto un romanzo".
(*Ansa*, 3 agosto 2003, ore 21.26)

Il deposito di Paperone

C'è anche chi ha quantificato le sparate di Berlusconi, come Aldo Cazzullo de *La Stampa*. Al tribunale di Milano il Cavaliere dice testualmente:
"È assurdo pensare che la Fininvest abbia fatto transitare somme da banca a banca, quando il signor Berlusconi aveva a disposizione la sua cassa personale, che conteneva centinaia e centinaia e centinaia, talora un migliaio di volte, la cifra che sarebbe stata pagata ai giudici".
(*La Stampa*, 18 giugno 2003)

La cifra "transitata" sarebbe di 435mila dollari (870 milioni circa di vecchie lire). Da moltiplicare per "centinaia e centinaia e centinaia, talora un migliaio di volte". Il giornalista si chiede se Berlusconi non abbia il deposito di zio Paperone, con tanto di trampolino e nuotate ristoratrici tra le monete d'oro.

Idee meravigliose

"Stiamo pensando, allungando gli orari di visita, ad una illuminazione notturna di Pompei che porterà effetti magici straordinari".
(*Agi*, 22 gennaio 2003, ore 17.21)

Precisazione di Antonio Bassolino, governatore della Campania:
"La regione ha già finanziato e realizzato un moderno sistema di illuminazione notturna degli scavi. Straordinario è stato il successo dell'iniziativa, inaugurata dal ministro Urbani e da me il 28 settembre dell'anno scorso".
(*Agi*, 23 gennaio 2003, ore 19.30)

Un cambio ai vertici di Forza Italia?
"Non lo so... Mi interrogherò e risponderò".
(*Agi*, 10 marzo 2003, ore 18.14)

Annuncia
"Quattro grandi trafori per tenere la Lombardia legata all'Europa", perché altrimenti, **"restiamo più spostati verso l'Africa"**
(*La Repubblica*, 6 ottobre 2003)

I mezzucci della sinistra

"C'è un guru che sta studiando a tavolino contro di me".
(*Libero*, 24 agosto 2003)

"Lo sa che l'Ulivo sta già organizzando 40 forum ognuno dei quali dedicato a un mio difetto? Sanno solo distruggere. Del resto è una vecchia lezione: Lindon Johnson per battere l'avversario consigliò di mettere in giro la voce che quello aveva una predilezione morbosa per le galline".
(*Idem*)

Sui giornalisti:
"Tutti questi giornalisti - Biagi, Montanelli - erano più anziani di me e credevano di essere loro quelli importanti nel nostro rapporto. Poi il rapporto si è capovolto e io sono diventato ciò che loro stessi volevano essere".
(*Dall'intervista di Boris Johnson e Nicholas Farrel*)

Nuova gaffe su Marco Biagi, trucidato dalla Brigate Rosse. Berlusconi difende l'ex ministro degli Interni Claudio Scajola, costretto alle dimissioni per aver detto che Biagi era un 'rompicoglioni':
"Una frase che non era nemmeno campata in aria, ma che veniva da tutta una serie di suggestioni che gli erano state rivolte".
(*La Repubblica*, 11 maggio 2003)

Ritocchi

Gli organi di stampa amici di Berlusconi s'ingegnano in tutti i modi, anche i più raffinati, per sostenere e divulgare l'immagine di un grande uomo.

Come *Panorama*, il settimanale Mondadori diretto da Carlo Rossella, che nella copertina del 10 maggio si trasforma in parrucchiere. La bella pelata di Berlusconi, che alza l'indice ammonitore davanti ai giudici di Milano, nella foto di copertina diventa una superficie di capelli rasi e compatti. Rimane solo una vaga ombra di calvizie. Il raffronto tra le due foto, che appare su *La Repubblica* è impietoso.

Ancora più divertente è il trucco del Tg1, smascherato da *Striscia la notizia* la sera di mercoledì 24 settembre 2003. Su alcuni quotidiani dello stesso giorno si racconta l'amarezza di Berlusconi, costretto a parlare davanti ad un'assemblea dell'Onu quasi deserta. Un vuoto desolante, testimoniato, tra l'altro, anche dall'ultra-berlusconiano Tg4 di Emilio Fede.

Ma il Tg1 di Clemente Mimun manda in onda la sequenza con Berlusconi che parla e un'aula gremita che lo applaude (materiale d'archivio, probabilmente immagini di un'assemblea di un anno prima).

Incorreggibile, anche nella conferenza stampa per l'inaugurazione della Conferenza intergovernativa dell'Unione Europea a Roma, il 4 ottobre 2003, Berlusconi fa rialzare la sua pedana di cinque centimetri, in modo da essere alla stessa altezza di Romano Prodi.

Villa Certosa

"Dov'è il culatello speciale che ho fatto arrivare per Putin?".
(*www.portorotondoweb.it*)

Michele, il cuoco:
"Presidente, il culatello si è perso nelle Poste italiane, non sappiamo come fare a rintracciarlo per stasera!".
(*Idem*)

Innamorato del suo mitico villone a Porto Rotondo:
"Non volevo venire in Sardegna. Stavo bene a Portofi-no. Ma ora ne voglio fare una grande perla. Penso di donarlo alla presidenza del Consiglio... poi magari tra un po' se la gode D'Alema. Mah".
(*Libero*, 24 agosto 2003)

Le ville dei suoi cari:
"A proposito. Le altre ville che avevo acquistato per i miei figli le ho vendute tutte. E agli acquirenti hanno ora offerto il doppio del prezzo".
(*Libero*, 19 agosto 2003)

Sempre a Porto Rotondo, tra le tante gag durante la visita del leader russo Putin, Berlusconi prende anche un piatto di ceramica esposto nel lussuoso albergo *Abi d'oru* per donarlo al suo ospite. E spiega:
"Niente paura. Poi lo pago. Il proprietario dell'albergo è mio amico".
(*Ansa*, 29 agosto 2003, ore 20.19)

Immancabilmente pronto alla battuta, se la prende anche con una giornalista del Tg3, accusata di essere aggressiva con il premier:
"Mariella Venditti... siamo belli e fritti".
(*Agi*, 4 luglio 2003, ore 17.56)

Il collega Andrea Bocelli:
"Aveva imparato tutte le mie canzoni a memoria".
(*Libero*, 24 agosto 2003)

Scene surreali da Villa Certosa, nel resoconto di Renato Farina per *Libero*:

Qualcuno si è arrampicato sugli scogli dinanzi alla tenuta. Compare lui in maglietta blu e calzoncini bianchi su un davanzale a picco sul golfo di Marinella. Le signore si coprono il seno. Lui saluta con la mano. Il premier operaio lavora.

Persino la passeggiata la fa con le cesoie in mano. Il telefono nella sinistra, e la forbiciona nella destra. Un passo pota qua, il successivo telefona là. Controlla il ghiaietto, le pale del ventilatore sotto un gazebo azionate da un telecomando, le cinque piscine per la talassoterapia...

... e nella notte appena illuminata da una fioca luna, Berlusconi mostra il parco. Sono 700mila metri quadri (70 ettari)...

"Questo territorio l'ho sottratto agli incendi estirpando i rovi. Quello è un faggio di trecento anni".

... e poi gli ulivi. Sembra di entrare in un bosco di Tolkien, in una città magica di elfi...

"Questa è l'agorà".

... ora è brullo ma già una decina di grandi pietre puntate verso il cielo creano un anfiteatro di misticismo ancestrale...

"Sono menhir".

... e vaghi ricordi di sussidiari delle elementari sulla religiosità primitiva si materializzano con un'imponenza assoluta...

"Sono alti otto metri. Li ho acquistati da vari proprietari e li ho disposti qui".

... Racconta come preveda una sorta di teatro, con tre piazze che si sovrappongono e si distendono dinanzi a questi ulivi...

"Hanno dai novecento ai milleduecento anni".

Una passione del cactus

Nell'estate 2003 Berlusconi allestisce a Villa Certosa, a Porto Rotondo una mostra con oltre duemila piante di cactus, la sua passione. Per illuminare questi cactus la società Idra, che gestisce i suoi immobili, versa un acconto di 450mila euro (poco meno di 900 milioni di vecchie lire). Lo rivela *La Repubblica* in un articolo di Ettore Livini il 1 settembre 2003. Altra spesa: 165mila euro per un posto barca fino al 2028. Di euro ne ha sborsati 35mila per rifare la centralina telefonica della villa di Arcore. E 750 milioni di vecchie lire per rinfrescare il mobilio. Nel 2001 250mila euro per "due elementi d'arredamento antichi".

I cactus sono una sua fissazione, al punto di lasciare d'improvviso l'Italia nel pieno di una crisi all'interno della maggioranza per volare a Lanzarote, nelle Canarie, ad ammirare un orto botanico di piante grasse. Berlusconi, come rivela *La Repubblica* il 4 maggio 2003, prende diligentemente appunti e assicura:
"Da noi il clima adatto non manca".

Tre mesi dopo confida:
"Ho osservato con attenzione quel museo. Questo è migliore. Accarezzi quella pianta sudafricana".
(*Libero*, 19 agosto 2003)

Un'altra pianta:
"Questa è piena di aculei, impossibile per un nemico transitare sulla sua suferficie. Si imparano tante cose dalla natura".
(*Idem*)

Perchè l'ha fatto?
"Ho deciso a Pasqua. Volevo dimostrare a me stesso che non sono del tutto rincoglionito dal governo. Quando non ho intralci, realizzo, umanizzo la realtà al meglio".
(*Idem*)

Leggende metropolitane

Da alcuni mesi circola su internet una leggenda metropolitana. Grazie ad un formidabile passaparola, si è trasformata in un tormentone sulla sfiga che porterebbe il Cavaliere. Si elencano le varie tragedie, dalle valanghe ai terremoti, dalla siccità alle alluvioni, dai tornadi su Arcore ai disastri aerei, dai black-out alle eruzioni avvenuti durante il suo governo. Non mancano gli attentati e i sommergibili che affondano, la recessione e la Fiat in crisi, la morte di Agnelli e quella di Modigliani. E si potrebbe continuare...

Anche se a questa fama contribuisce lo stesso Berlusconi: **"Terremoti, vulcani, alluvioni, adesso il fuoco. È una maledizione..."**.
(*La Repubblica*, 14 agosto 2003)

O i suoi avversari, come Massimo D'Alema, presidente Ds: *"Ha avuto anche sfortuna. Ma da buon meridionale tenderei a dire che, più che averla, Berlusconi la sfortuna la porta..."*.
(*Ansa*, 14 febbraio 2003, ore 20.52)

O ancora Luciano Violante, presidente dei deputati Ds: *"Meno parliamo di Berlusconi meglio è. Facciamo una moratoria politica e lo dico per una ragione semplice: perchè penso che porti sfiga"*.
(*Ansa*, 5 settembre 2003, ore 19.51)

A tu per tu con il mondo

"Sono convinto che gli stessi partner europei abbiano la massima fiducia in un uomo, anzi un tycoon, che ha creato dal nulla un gruppo da six billion dollars".
(*La Stampa*, 9 dicembre 1995)

Tecniche di seduzione

I vertici internazionali:
"È in occasioni come quelle che prendi uno sottobraccio e stabilisci un ruolo preferenziale. Siamo o no il Paese più autorevole e più simpatico agli altri nel Mediterraneo? E allora dobbiamo contare di più".
(*Ansa*, 19 aprile 2002, ore 13.07)

"Fantastica quella volta che gli ho parlato per 25 minuti della CSCE, la conferenza per la sicurezza e la cooperazione europea, e non sapevo che cosa fosse. Eravamo a cena. Eltsin si lamentava che l'Europa non lo aiutava a risolvere la crisi in Cecenia attraverso la CSCE. Io mi dicevo: chissà di che parla. Finisce, silenzio, finché lo svedese Carl Bildt per toglierci dall'imbarazzo dice: 'Abbiamo qui il presidente di turno, chiediamolo a lui'. E si gira verso di me. Io sussulto, poi sento i tricolori che sventolano alle mie spalle, capisco che non posso fare una figuraccia per il mio Paese. E comincio a parlare e per 25 minuti discetto di Cecenia, Europa, guerre. Alla fine

Mitterrand mi dice: 'Bene, la questione è nelle tue mani'. Quale, mi chiedo io? Appena finisce la cena prendo Felipe Gonzalez da parte e gli chiedo: 'Ma tu lo sai che cos'è la CSCE?'. Lui comincia a ridere, non si ferma più, e finisce seduto per terra tanto che lo devo raccogliere".
(*Corriere della Sera*, 2 febbraio 1998)

Non manca qualche battuta ammiccante, come nella Reggia di Caserta, davanti alla fontana illuminata, di notte, con Veronica e i grandi della terra:
"Le signore... stavano con gli occhi socchiusi, romantici. E io a qualcuno ho detto: attenzione, se no questa notte aumentiamo la prole. Poi abbiamo fatto tardi e non se ne è fatto niente".
(*La Repubblica*, 11 luglio 1994)

Ho rimesso le cose a posto

"Non c'è nessuno sulla scena mondiale che può pretendere di confrontarsi con me, nessuno dei protagonisti della politica che ha il mio passato, che ha la stessa storia che ho io. Da un punto di vista personale c'è qualcuno che ha una posizione di vantaggio e questo qualcuno sono io. Quando mi siedo a fianco di questo o di quel primo ministro o di un capo di stato, c'è sempre qualcuno che vuole dimostrare di essere il più bravo, e questo qualcuno non sono io".
(*Ansa*, 7 marzo 2001, ore 15.48)

Finito? No:
"La mia bravura è fuori discussione, la mia sostanza umana, la mia storia, gli altri se la sognano. Sono loro che devono dimostrare a me di essere bravi...".
(Idem)

"Aver costruito un impero è una qualità, non un peccato: ho trasformato lo Stato e adesso gli altri capi di governo mi chiedono consigli".
(*Ansa*, 21 luglio 2002, ore 15.09)

Ma non è stato facile:
"Quando sono entrato in carica ho trovato un Paese che non contava niente sulla scena internazionale, ora abbiamo recuperato".
(*La Repubblica*, 31 dicembre 2002)

D'altro canto:
"Mi sono accorto che l'Italia era poco considerata. Ho telefonato ai leader degli altri paesi e gli ho detto: se fate così non contate più sull'Italia! L'atmosfera da quel momento cambiò".
(*L'Unità*, 25 agosto 2002)

Non a caso:
"A me sembra che siamo i più ascoltati e che tutti si voltano verso di me quando ci sono problemi di un certo tipo o situazioni divergenti, questo per la mia abitudine a mediare".
(*Agi*, 23 settembre 2002, ore 22.13)

Insomma:
"Credo che ormai l'Italia dia del tu al mondo e questa è una cosa di cui bisogna essere soddisfatti, visto che abbiamo portato nel nostro Paese i personaggi più importanti e l'Italia non era abituata a questo".
(Idem)

Mentre i governi dell'Ulivo?
"Credo che il mio predecessore vi abbia portato in Italia la Baraldini e Ocalan, la situazione è un po' cambiata...".
(Idem)

Già all'esordio, del resto:
"Abbiamo buoni rapporti con tutti, tutti hanno fiducia nel nostro Paese, e c'è anche grande considerazione nei confronti di qualcosa che viene da un'esperienza molto nuova".
(*La Stampa*, 25 giugno 1994)

E il curriculum?

"Ho avuto tante esperienze internazionali, sono stato presidente del consorzio europeo delle Tv commerciali, e ho quindi avuto contatti con diversi leader europei. Ho un rapporto molto facile con gli altri, perché la mia è un'esperienza diversificata, ma più completa di quella di un normale politico, sono un uomo di governo, ma sono anche stato presidente del secondo gruppo industriale italiano... no, non ho davvero nessuna difficoltà".
(Idem)

Sempre modesto:
"Sono stato, unico tra i premier, ad aver espresso il convincimento che Saddam Hussein avrebbe accettato la risoluzione ONU".
(*Agi*, 13 novembre 2002, ore 19.38)

Commozione da tricolore:
"Ricordo ancora quella volta in Germania, quando la banda suonò l'inno italiano in onore mio e del paese che rappresentavo. Le gambe cominciarono a tremarmi, fecero giacomo-giacomo, e io dovetti usare una mano per fermare il tremore. Ecco, questo è il senso dello Stato, questa è trasparenza d'animo, questa è voglia di fare il bene del Paese".
(*La Stampa*, 21 febbraio 1996)

Il tempo è denaro:
"Le sedi diplomatiche devono diventare vere e proprie agenzie commerciali, gli avamposti dell'azienda Italia nel mondo".
(*La Repubblica*, 15 ottobre 1994)

Consigli ai giovani diplomatici:
"Mi raccomando: alito fresco e niente mani sudate".
(*La Repubblica*, 14 novembre 2002)

Alle neodiplomatiche:
"Ma voi siete sposate? Fidanzate?".
(Idem)

Ah, la France

"Non c'è disprezzo per gli italiani, è che loro si ritengono superiori, e anche questo è un fatto di simpatia. Cambiano anche la storia per questo. I francesi sono convinti che Giulio Cesare prendesse delle batoste sacrosante, non a caso Asterix batte sempre il cattivone che è Giulio".
(Intervista di Enzo Biagi per la trasmissione *Spot*, 1986)

Visita ai capitani d'industria d'oltralpe:
"Vado ad incontrare l'80 per cento del PIL francese".
(*Ansa*, 27 settembre 2000, ore 9.19)

François Mitterrand:
"Lui è un artista e un poeta della politica, protagonista di una fantastica avventura umana".
(*Ansa*, 10 luglio 1994, ore 15.25)

"Ho suonato *Au revoir Paris* per Mitterand".
(*La Stampa*, 1 ottobre 1995)

Nel dicembre 1994 c'è però un piccolo incidente tra i due. Durante il vertice europeo di Essen, Berlusconi dice che otto deputati curdi del parlamento turco non hanno avuto condanne gravi, e che comunque quel governo deve fare i conti con
"ben cento deputati curdi comunisti che sono di supporto ai terroristi".
(*La Repubblica*, 11 dicembre 1994)

Il presidente francese Mitterand lo interrompe bruscamente:
"Signor Berlusconi, io ho informazioni diverse dalle sue".
(Idem)

Con Chirac? Alla grande:
"Un colloquio molto cordiale, franco, di grande simpatia umana. Ci siamo trovati in sintonia su tutto con una grande disponibilità reciproca".
(*Ansa*, 27 settembre 2000, 18.47)

"Tra Italia e Francia esiste un'amicizia storica mai venuta meno".
(*Ansa*, 7 novembre 2002)

Poi però c'è lo scontro con il governo di Parigi sull'Airbus europeo. Berlusconi non vuole concedere nulla senza una contropartita:
"Dare soldi, vedere cammello...".
(*Ansa*, 5 dicembre 2001, ore 20.52)

Nella campagna elettorale 2002 sia Chirac che Jospin indicano poi l'Italia come modello che non si vuole seguire. E allora:
"Amo la Francia e continuo ad amarla anche se qualcuno, ignorando la realtà delle cose italiane, si mette a fare il clown".
(*Ansa*, 18 aprile 2002, ore 16.44)

L'Amerikano

L'amore per gli Stati Uniti non è una passione degli ultimi tempi, ma ha radici antiche:
"Sono sempre stato decisamente vicino alle posizioni degli Stati Uniti. Mi chiamavano Amerikano, con la kappa, anche quando era difficile e non di moda stare dalla parte degli USA".
(*Ansa*, 2 giugno 1994, ore 21.22)

Clinton e signora
"È andato tutto bene, si è creato un bel rapporto umano con Clinton e la sua signora".
(*Ansa*, 2 giugno 1994, ore 23.40)

George W. Bush
"Ho avuto personalmente dal presidente degli Stati Uniti George W. Bush la garanzia che prima di qualsiasi decisione sull'Iraq ci incontreremo e lui la discuterà insieme con me".
(*Ansa*, 23 agosto 2002, ore 18.34)

La questione palestinese

"Arafat mi ha chiesto di dargli una tivvù per la Striscia di Gaza: gli manderò *Striscia la notizia*".
(*Corriere della Sera,* 7 marzo 1997)

Vodka e betulle

Boris Eltsin? Ebbene lo confesso:
"Sì, ormai ci diamo del tu... ci chiamiamo Boris e Silvio, non è più un segreto...".
(*La Repubblica,* 15 ottobre 1994)

"Sin dal primo momento ho apprezzato la franchezza con cui Eltsin mi ha parlato delle sue difficoltà. E anche la signora mi ha confessato le paure e le angosce condivise col marito... per questo mi sono avvicinato a loro, umanamente e politicamente: ho buttato nel rapporto anch'io franchezza e apertura, e ormai sembra che ci conosciamo da sempre, abbiamo anche la stessa età. Eppoi, in fondo, anche in Italia abbiamo avuto una piccola rivoluzione".
(Idem)

Qualche goccio di troppo
"Nemmeno io, la prima notte al Cremlino, sono riuscito a dormire: ma più che l'emozione ha potuto la vodka. È da tantissimo tempo che non bevevo vodka, bevo pochissimo vino, ma ieri sera mi sono adeguato alla situazione come era giusto, e quindi i brindisi che si sono succeduti sono stati numerosi, uno ad ogni volta che ci trovavamo d'accordo".
(*Ansa,* 14 ottobre 1994, ore 17.57)

"Devo dire di avere trovato il presidente Eltsin assolutamente in palla".
(Idem)

"Ah, quando leggevo i romanzi russi, da ragazzo, e non

c'era la televisione... immaginavo i boschi di betulle e i colori fantastici che oggi ho potuto vedere...".
(*La Repubblica*, 15 ottobre 1994)

"Eltsin ha voluto invitarmi a cena con le mogli nella residenza privata. E ha insistito perché risiedessi dentro il Cremlino, il che non era mai capitato a capi di governo italiani... francamente, mai e poi mai avrei immaginato che l'imprenditore Berlusconi avrebbe potuto passare due notti addirittura all'interno del Cremlino".
(*La Repubblica*, 11 ottobre 1994)

"Dobbiamo collaborare con i russi anche perché un certo signor Marx ha studiato come si trasforma un'economia libera in una dirigista e statalista, ma non ha previsto la marcia indietro".
(*La Repubblica*, 15 ottobre 1994)

Berlusconi attraversa la piazza Rossa e non degna di uno sguardo il mausoleo di Lenin. Qualcuno glielo fa notare:
"Me lo lascio per la prossima volta... ma la prossima volta magari non ci sarà più: metti caso che Eltsin lo faccia chiudere definitivamente...".
(*La Stampa*, 16 ottobre 1994)

Paroloni:
"Ricordo l'amicizia personale con Eltsin che è stata prodromica dei rapporti instaurati con la Russia".
(*Ansa*, 28 novembre 1998, ore 17.35)

Caro Silvio, caro Volodia

Berlusconi alle figlie di Putin:
"Chamatemi zio".
(*Agi*, 16 ottobre 2002, ore 17.24)

Putin a Berlusconi:
"Ti porto un saluto molto caro dalle mie figlie, si sono affezio-

nate e sono rimaste affascinate dall'Italia e dal signor B., come ti chiamano".
(*Ansa*, 16 ottobre 2002, ore 20.01)

La signora Putin ama l'Italia e le canzoni napoletane:
"Allora io scherzando le ho detto che avevo appena finito di scriverne undici e lei mi ha guardato stupita. Io avevo un cd con tre canzoni registrate e la mattina dopo le ho portate…".
La sera **"un po' di corsa sono entrato per la cena nella straordinaria Sala dei Diamanti al Cremlino fatta da architetti italiani con affreschi incredibili. Sono entrato dentro e mi sono trovato immerso in una musica suonata da un'orchestra di cinquanta elementi: stavano suonando le mie canzoni".**
(*Ansa*, 10 luglio 2002, ore 20.45)

Il trionfo del vertice NATO di Pratica di Mare:
Berlusconi dice che **"è stato possibile per merito nostro"**.
Lo stesso Bush lo avrebbe ringraziato per avergli fatto capire che "era una cosa da fare".
"Non vi dico poi Putin… era 'aux anges', al settimo cielo, perché questo gli risolve un problema interno straordinario dal momento che c'era tutta quella parte della Duma che spinge a oriente".
(*Ansa*, 28 maggio 2002, ore 21.34)

"Possiamo essere gli amici che a braccetto con Mosca fanno rinascere l'economia russa".
(*Ansa*, 16 ottobre 2002, ore 16.49)

E confida che i due piccioncini si chiamano così:
"Caro Silvio", "Caro Volodia".
(*Ansa*, 3 aprile 2002, ore 20.45)

Con tanto di telefono riservato, la linea 'rossa':
"Avremo una linea diretta e protetta con cui ci telefoneremo per fronteggiare emergenze ma anche per mantenere i rapporti una volta alla settimana".
(*Ansa*, 16 ottobre 2002, ore 19.31)

Ronald e Margareth, due modelli

Vittorio Zucconi lo ha definito il Reagan della Brianza:
"Con tutto il rispetto per l'ex presidente degli USA Reagan, il mio modello non è John Wayne, di cui mi piacciono le cavalcate eroiche ma non la propensione al duello mortale".
(*La Stampa*, 11 febbraio 1994)

Prima di incontrare il premier inglese Margareth Thatcher:
"Per favore, ditele che mi considero uno dei suoi allievi. Ho imparato da lei".
(*Ansa*, 14 novembre 1994, ore 15.16)

Tè e biscottini nell'incontro con Margareth?
"Abbiamo rifiutato tutto perché volevamo goderci l'incontro con la signora fino in fondo".
(*Ansa*, 21 aprile 1999, ore 20.21)

"Mi ha detto che saremmo stati una bella coppia".
(*Ansa*, 22 aprile 1999, ore 12.37)

Ancora Margareth:
"È elegantissima, combattiva, in forma splendida, simpaticissima".
(*Ansa*, 9 febbraio 2001, ore 18.52)

"L'ho trovata molto in palla".
(Idem)

La Thatcher ha definito il dittatore cileno Pinochet un "campione di democrazia", che ne pensa?
"Non sono un tuttologo".
(*La Repubblica*, 22 aprile 1999)

La visita al Parlamento inglese:
"Mi hanno portato nella sala dove processarono Tommaso Moro, ma mi hanno detto che lì ci fanno funerali e processi. Sono scappato subito".
(*Ansa*, 22 aprile 1999, ore 12.39)

La Germania

Vaghe allusioni sull'obesità del cancelliere tedesco Helmut Kohl:
"Sapete, la mamma l'ha fatto senza risparmi".
(*La Repubblica*, 11 dicembre 1994)

"Ha il physique du rôle del suo Paese".
(*Corriere della Sera*, 7 marzo 1997)

Al responsabile Esteri della CDU:
"Lo sa che abbiamo comprato Ziege? Ah, non sa chi è? È un calciatore tedesco…".
(Idem)

L'Islanda e la terra che ribolle

Incontra il primo ministro islandese:
Con lui **"ho fatto un giro a 360 gradi con tramonto incorporato".** Ha assistito **"all'ebollizione della terra"**, in altre parole i geyser.
(*Ansa*, 15 maggio 2002, ore 19.07)

Ai giornalisti:
"Andate a vedere nella piazza principale di Reykjavik, stanno facendo degli scavi archeologici per riportare alla luce una fattoria del 1870… e pensare che noi siamo alla ricerca di reperti archeologici che risalgono a prima della nascita di Cristo… Questo deve accrescere ancora di più il nostro orgoglio".
(Idem)

Se posso permettermi di stupirla…

Il 13 marzo del 2000 il presidente dello stato di Israele, Ezer Weizman, riceve Berlusconi in visita a Gerusalemme. In quel periodo il Cavaliere è solo il leader dell'opposizione. Ma non può trattenersi lo stesso.

Berlusconi:
"Sono arrivato con un aereo di una mia società".
Weizman:
"Lo immaginavo. È venuto qui con un Gulf Stream 5?".
(*Ansa*, 13 marzo 2000 ore 13.41)

Berlusconi:
"Sono venuto con un Gulf Stream 3 ma ho il 4 e anche il 5, e mi muovo anche dall'Italia a Los Angeles... Noi paghiamo così tante tasse al nostro stato che queste in confronto sono piccole spese".
(Idem)

Arriva il bello:
"Se posso permettermi di stupirla, le racconto che il gruppo che ho creato da zero paga più di due milioni di dollari al giorno di imposte. Come vede, posso spendere qualcosa in carburante".
Weizman:
"Non mi fa compassione".
(Idem)

L'inglese e le notti insonni

Il 13 settembre 2002 Berlusconi parla in inglese, tra lo stupore, all'assembea generale dell'ONU. Lui si pavoneggia:
"Mi hanno chiesto perché ho parlato in inglese. È che non riesco a leggere né il cinese, né l'arabo...".
(*Agi*, 13 settembre 2002, ore 20.01)

Un quadro solenne che Francesco Merlo, impietoso, descrive così sul *Corriere della Sera*:
"C'è tutto il prodigio e il pasticcio dell'Italia, l'irresistibile imbroglio di sempre, in un primo ministro che pronunzia all'assemblea delle Nazioni Unite uno storico discorso sulla guerra e sulla pace in una lingua, l'inglese, che egli non conosce, caparbiamente ripetendo a memoria parole che tutti capiscono, tranne lui".
(*Corriere della Sera*, 16 settembre 2002)

Merlo racconta che, per compiere questo *"titanico sforzo onomatopeico nell'arte ruffiana e simpatica di padroneggiare una lingua masticata"* (Idem), il Cavaliere si è chiuso per 24 ore in una camera d'albergo, con il fidatissimo Valentino Valentini. Ore e ore a fare esercizi di fonetica, disertando impegni ufficiali.

Due giorni dopo, in difesa di Berlusconi, interviene sullo stesso giornale Gustavo Selva presidente della commissione Esteri della Camera. Dice di aver seguito la preparazione del discorso in inglese di Berlusconi, smentisce che per questo impegno abbia dovuto disertare impegni ufficiali, ma candidamente ammette:
"Posso confermare anche che l'impiego del tempo dedicato allo studio della fonetica ha sottratto ore al sonno di Berlusconi".
(*Corriere della Sera*, 18 settembre 2002)

Con lo Stetson in testa

Il 26 giugno 2002 Berlusconi arriva all'aeroporto di Calgary, in Canada, per il vertice del G8. Lì si usa accogliere gli ospiti con la tradizionale "White hat cerimony", un rito con cui si dà il benvenuto offrendo lo Stetson, tipico cappello bianco da cowboy. Il presidente francese, Jacques Chirac, si rifiuta di metterlo. Gerhard Schroeder, cancelliere tedesco, lo piazza sulla testa di un suo funzionario.
E Berlusconi? Poteva non metterselo? Nessuno è riuscito a fotografarlo, ma lui assicura:
"L'ho messo e mi stava anche molto bene".
(*Agi*, 26 giugno 2002, ore 20.04)

Ci viene nostalgia di quella foto mancata.

Berlusconi? Una buona forchetta

Ogni volta che capita vicino a George W. Bush, Berlusconi è raggiante. Per lui la bandiera a stelle e strisce è un porto sicuro, un vessillo che scalda il cuore. Il 14 settembre 2002, fremente per l'onore di essere ricevuto a Camp David, il Cavaliere, giubbotto blu su camicia azzurra, dice a Bush in inglese che quella bandiera è simbolo di libertà e democrazia. Al momento dei convenevoli, il presidente USA regala a Berlusconi un giubbotto dei piloti elicotteristi che fanno servizio nella residenza del Maryland. Il Cavaliere apprezza moltissimo.

Bush confida all'industriale italiano Ugo Gussalli-Beretta (le cui pistole sono in dotazione a marine, sceriffi e poliziotti USA) che sì, Berlusconi "speaks fluently", se la cava con l'inglese. Ma aggiunge:

"Lei che sa bene l'americano del business, glielo insegni ancora di più".

Bush poi confessa di aver trovato Berlusconi un po' rotondetto, e di averlo invitato "a fare jogging insieme, dovrebbe farlo ogni mattina". Tanto più, dice Bush al Cavaliere, che:

"Lei è una buona forchetta".

(*Corriere della Sera*, 16 settembre 2002)

La sapete quella...

"**Non è vero che io racconto barzellette, anzi disistimo chi lo fa... io invece uso delle storielle per scolpire meglio dei concetti**".
(*Ansa*, 27 settembre 2002, ore 15.23)

Raccontata a Bill Clinton, dopo il drammatico caso Monica Lewinsky:
"**Un tale dice all'altro: mi sono fatto disegnare un neo sul pene, così quando mi eccito sembra un moscone. E l'altro: io invece mi sono fatto tatuare le lettere SO, così quando mi eccito compare la scritta 'Saluti da San Benedetto del Tronto'**".
(*Corriere della Sera*, 30 giugno 2001)

"**La sapete quella del genovese che mette l'annuncio sul giornale? E quella del 'negro' che cerca una stanza a Rimini?**".
(*Corriere della Sera*, 7 marzo 1997)

"**Ragazzi, ho due nuove barzellette formidabili. Ah, ma una è un po' spinta, le signore forse dovrebbero uscire, anzi no, restate. Allora...**".
(*La Repubblica*, 15 giugno 1995)

"**Vedete, io ormai le barzellette non le racconto da anni...**".
(*Corriere della Sera*, 7 marzo 1997)

"Però sono importanti perché fotografano situazioni della vita".
(Idem)

"E adesso sapete finalmente su cosa si basa la mia cultura...".
(Idem)

La barzelletta più famosa raccontata da Silvio Berlusconi è anche quella che gli ha creato più problemi. Una freddura molto cinica:
"Un malato di AIDS va dal medico e gli chiede: 'dottore, cosa posso fare per la mia malattia?'. Il medico risponde: 'Faccia delle sabbiature'. 'Ma dottore, mi faranno veramente bene?'. 'Bene no, ma sicuramente si abituerà a stare sotto terra'".
(*Ansa*, 3 aprile 2000, ore 20.48)

Le polemiche si sprecano, con accuse soprattutto da sinistra. Lui reagisce: Veltroni?
"Un miserabile".
(*Ansa*, 4 aprile 2000, ore 20.54)

Il centrosinistra?
"Mentecatti, miserabili alla canna del gas. Consiglierei anche a loro le sabbiature...".
(Idem)

Qualche tempo dopo ricorderà la bufera scatenata dalla freddura sull'AIDS:
"Possiamo dire con soddisfazione di non aver commesso errori capitali, ma solo qualche errore veniale. E non credo che quella barzelletta sia stata nemmeno un errore veniale".
(*Ansa*, 11 maggio 2000, ore 18.55)

Per poi mettere un sigillo finale a tutta la vicenda con... un'altra barzelletta:
"Da allora i rapporti con la mia famiglia sono diventati più difficili".
(Idem)

Infatti:

"Mia moglie mi ha annunciato che avrebbe fatto le valigie e io le ho chiesto se tornava da sua madre. E lei mi ha risposto: 'Le valigie sono le tue'".
(Idem)

Consiglio dei ministri "agitato", Berlusconi prova a stemperare la tensione:

"Non mi va di partire per Bruxelles e lasciarvi con questi volti tesi. Ora vi racconto una barzelletta così vi metto di buon umore. La sapete quella del napoletano che vive in un basso?" Interviene Gianni Letta: *"Silvio, non farlo, non è proprio il momento. Magari domani ci ritroveremmo la barzelletta sui giornali".*
(*Corriere della Sera*, 22 settembre 2001)

Tratta dal libro *Colpo Grosso* (Pino Corrias, Massimo Gramellini, Curzio Maltese); è una delle barzellette preferite da Silvio:

"Una nave da crociera fa naufragio. Si salvano solo in due, Mario, un camionista di Civitavecchia, e Claudia Schiffer, la modella. Approdano nell'isola deserta e naturalmente passano i giorni, i mesi e finalmente la Schiffer gli si concede. Fanno l'amore in modo travolgente, tanto che alla fine la Schiffer si innamora davvero di Mario. Passano i mesi ma lui è sempre più inquieto, insoddisfatto, anche se ha tutto, proprio tutto, una donna bellissima, il sole, i frutti a portata di mano. Un giorno, timidamente, le chiede: 'Scusa Claudia, ti puoi tagliare i capelli molto corti?'. Lei non capisce ma acconsente. 'Amore mio, tutto quello che vuoi'. Il giorno dopo: 'Puoi metterti dei pantaloni?'. 'Certo, caro'. E il giorno successivo: 'Puoi disegnarti una barba finta con la cenere? E posso chiamarti Domenico, sai era l'amico mio...'. Lei fa tutto quello che le chiede, è proprio innamorata, e finalmente, davanti al tramonto, sulla riva del mare, lui è di nuovo felice, emozionato, la prende sottobraccio e le fa: 'Aho, Domenico! Ma lo sai che me sto a scopà la Schiffer?' ".

A *Speciale Tg1*:

"Antica Roma. Nerone chiama Tigellino. 'A Nerò, che te

serve?'. I romani si annoiano. Ci vorrebbe un bello spettacolo nel Colosseo. Che so, leoni, cristiani... Tigellino esegue gli ordini e un giorno Nerone si presenta in un Colosseo gremito nel quale fanno entrare 200 leoni e 200 cristiani. I leoni si avventano sui cristiani e sollevano un enorme polverone. Si sentono solo urla disumane e ruggiti altissimi. Quando il polverone si abbassa si vedono i cristiani che stanno mangiando i leoni. 'Tigellino, esclama Nerone, ti avevo detto di prendere dei cristiani, non dei democristiani!' ".

(*Corriere della Sera*, 29 ottobre 1995)

"Questa me l'ha raccontata la mia segretaria:
'Papà, papà, guarda, c'è Berlusconi in Tv'
'Ma lascia perdere quel capitalista, fascista e milanista...'
'Papà, papà, dice che gli italiani volano'
'Ecco, te l'avevo detto di lasciare perdere...'
'Papà, papà, dice che l'ha letto sull'*Unità*'
'Ah... beh... cioè... in effetti gli italiani saltano molto alto'".

(*Ansa*, 24 novembre 1997, ore 22.25)

Repertorio Guerra fredda:
"Come mai un'estrazione di un dente costa così caro a Mosca? Beh, come è noto a Mosca non si può aprire la bocca e quindi... bisogna operare dal basso...".

(*Ansa*, 15 ottobre 1997, ore 23.37)

"Alcuni indiani per avere una previsione sul tempo dell'inverno imminente si recarono sulla montagna dal Grande Vecchio. Il saggio risponde: 'Farà freddo'. Allora gli indiani scendono a valle e iniziano a tagliare legna. Dopo un po' gli indiani tornano dal Grande Vecchio con la stessa domanda: che tempo ci sarà quest'inverno. Il vecchio risponde: 'Farà molto freddo'. E giù di nuovo a valle a tagliare alberi. La terza volta il Grande Vecchio dice agli indiani tornati da lui che non farà molto freddo, ma freddissimo. 'Come fai Grande Vecchio, gli chiede un indiano, a fare queste previsioni?' 'Sempli-

ce, risponde il vecchio, vedo che laggiù tutti si danno da fare per abbattere alberi e fare legna da bruciare...' ".
(*Ansa*, 2 aprile 1997, ore 20.17)

"Un signore racconta ad un amico di avere un cane milanista che soffre tantissimo ad ogni partita dei rossoneri. 'Ogni volta che il Milan pareggia - gli racconta - il mio cane abbassa le orecchie e si mette in un angolo. Non ti dico poi cosa succede quando il Milan perde. Guaisce, le orecchie diventano un cencio, si infila sotto il letto e non vuole più uscire'. 'E, se il Milan vince, gli chiede l'amico, il cane che fa?' 'Beh, risponde, non te lo so dire, il cane ce l'ho solo da un anno...' ".
(*Ansa*, 2 ottobre 1997, 19.11)

Quattro giorni dopo, prima vittoria in campionato del Milan:
"Il mio cane ieri ha preso una ciucca".
(*Ansa*, 6 ottobre 1997, ore 19.26)

"A Piazza San Giovanni c'è una manifestazione organizzata da Sergio Cofferati. Il premier, curioso di vedere cosa fanno e quanti sono esattamente i manifestanti, prende un elicottero e con i figli sorvola la piazza. Vedendo i manifestanti arrabbiati decide che per farli felici può buttare giù una banconote da 100 mila euro. Ma la figlia obietta che lanciando due banconote da 50 mila euro potrebbe accontentare almeno due persone. A questo punto interviene l'altro figlio osservando che con il lancio di cinque banconote da 20 mila euro si possono accontentare ancora più persone. A questo punto interviene il pilota dell'elicottero che in romanesco gli dice: 'A dottò, perché non si butta lei così li fa felici tutti...' ".
(*Ansa*, 18 settembre 2002, ore 21.10)

"Un giorno Carlo Marx è ridisceso sulla terra, è andato al Cremlino e ha chiesto di parlare alla Tv.
'Devo parlare ai lavoratori di tutto il mondo, ho bisogno di un mese di tempo'
'No'
'Una settimana?'

'No'
'Un giorno?'
'No'
'Un'ora?'
'No'
'Un minuto?'
'No, hanno continuato a dirgli quelli del Partito, ti possiamo dare un secondo'
'Va bene: proletari di tutto il mondo... scusatemi'".
(*Ansa*, 7 maggio 1999, ore 16.41)

"Un signore affitta un appartamento. L'inquilino dopo qualche giorno si lamenta per la presenza di topi e invita il padrone di casa a visitare l'appartamento. Quando il padrone arriva a casa vengono spente le luci, si sente un trambusto. L'inquilino si abbassa e afferra qualche cosa in mano, quindi riaccende la luce. In mano ha una trota, per cui il padrone di casa dice: 'Ma è una trota...', e l'inquilino replica: 'Dell'umidità parliamo un'altra volta...'".
(*Ansa*, 19 ottobre 2000, ore 18.01)

"Un contadino stava falciando il suo campo e vede arrivare una berlina da cui scende Berlusconi che gli dà subito un consiglio per raddoppiare la produttività: dotare il falcetto di un controfalcetto in modo da poter tagliare non solo da destra a sinistra, ma anche da sinistra a destra, nel gesto di ritorno. Il giorno successivo, stessa scena, nuovo suggerimento del Cavaliere al contadino: allacciarsi alla vita un raccoglitore, sincronizzando i movimenti ondulatori della pancia con il gesto del braccio che falcia. Altro consiglio: calzare scarpini chiodati, stile calciatore, per poter contemporaneamente sarchiare il terreno. Il contadino, messi in pratica i suggerimenti, ne ricava soddisfazione, ottimizzazione della produttività e, soprattutto, dimezzamento del tempo di lavoro. Così, il villico torna a casa all'ora di pranzo anziché al tramonto..."
"Mai tornare a casa prima del tempo", anticipa il Cavaliere...

"... Appunto. Trova la moglie a letto con un comunista della sezione accanto. Apriti cielo. La donna invoca in lacrime il perdono e solo dopo molte ore giunge il compromesso: 'Va bene, ti perdono - le dice il marito - a patto però che non lo dici a Berlusconi perché se sa che ho anche le corna, chissà cosa mi fa fare poi...' ".
(*Ansa*, 3 maggio 2001, ore 17.12)

"Il segretario del PDS D'Alema incontra Bertinotti e annuncia al leader di Rifondazione Comunista che Berlusconi è morto dopo essersi buttato dall'ultimo piano della sede di Forza Italia, avvolta dalle fiamme accese da un fiammifero 'casualmente buttato' da un militante PDS. E ciò dopo che l'automobile di un altro compagno si era guastata perdendo benzina nella stessa zona. Bertinotti chiede a D'Alema se Berlusconi fosse morto carbonizzato o se si fosse sfracellato sul marciapiede. D'Alema risponde che Berlusconi era rimbalzato più volte tra il telo dei vigili del fuoco, i cavi dell'alta tensione ed altri punti di Roma. A questo punto Bertinotti chiede di nuovo come fosse morto Berlusconi. E D'Alema risponde: 'Abbiamo dovuto abbatterlo'".
(*Ansa*, 29 ottobre 1995, ore 20.02)

La figlia più piccola gli ha raccontato una barzelletta 'sporca':
"Papà, lo sai perché le uova di gallina quando cadono si rompono? Perché sono fatte con il sedere".
(*La Stampa*, 3 luglio 1990)

"Dio è arrabbiato e convoca Clinton, Eltsin e Berlusconi. 'Qui le cose vanno male, l'economia è allo sfascio. O vi date da fare o vi spedisco tutti a spalar carbone per sempre'. Ed ecco il resoconto dei tre, tornati sulla Terra. Clinton: 'Americani, ho due brutte notizie da darvi. Dio è arrabbiato con noi. Se non ci diamo una mossa ci manda a spalar carbone'. Eltsin al Parlamento: 'Ho una bella notizia e una brutta. La bella è che Dio esiste e quindi avevamo ragione noi riformisti. La brutta è che se non mettiamo a posto l'economia, Dio ci manda tutti a spalar carbone'. **Berlusconi convoca una conferenza stampa per la gioia di Rete 4, distribuibile a tutti gli altri canali nazionali: 'Gente! Ho due notizie bellissime da darvi. Primo: Dio esiste e mi ha convocato! Secondo: è pronto il milione di posti di lavoro che io ho promesso. Tutti a spalar carbone!'".**

(*La Stampa*, 23 novembre 1994)

Romolo, Remolo e l'On. D'Avena

"In questo quasi anno di governo ho seguito molte iniziative nelle materie più disparate e nonostante i tanti impegni normalmente non faccio gaffe...".
(*Ansa*, 10 aprile 2002, ore 13.57)

Berlusconi?
"Un adorabile gaffeur, un gaffeur di rango, gaffeur filosofo che mette in imbarazzo i sepolcri imbiancati, che infilza gli snob e li scandalizza felicemente".
(Giuliano Ferrara)

Anche noi abbiamo fame...

Il 10 giugno 2002 si aprono a Roma i lavori della FAO sulla fame nel mondo. Davanti ad una platea di re, capi di stato con turbanti e tuniche sgargianti, Berlusconi fa gli onori di casa, è raggiante. Comincia a spiegare come si fa a raggiungere il benessere:
"Tipo il nostro Veneto, che nel dopoguerra era poverissimo. Si fa così: si lavora".
(*La Repubblica*, 11 giugno 2002)

Poi illustra un trucchetto:
"Si punta a 10, perché se si punta a 8 si ottiene 6, è una regola mondiale".
(Idem)

A fine mattinata comincia a sbuffare per la lunghezza degli interventi. Sta parlando il presidente della repubblica del Togo, Gnassingbè Eyadema, che descrive la tragedia dei 13 milioni di persone che stanno morendo di fame nel Malawi. È l'ora di pranzo e Berlusconi afferra il microfono:
"Bisogna accorciare gli interventi perché la nostra non sarà una tragedia, ma anche noi abbiamo fame".
(Idem)

L'ultimo oratore ricorda poi che nel mondo ogni quattro minuti un bambino muore di fame, e Berlusconi:
"Grazie di essere stati con noi, il pranzo è pronto, spero che il menù sia totalmente italiano, in questo caso sarete soddisfatti".
(Idem)

Due giorni dopo, raggela il direttore della FAO, il senegalese Jacques Diouf:
"Dovreste dimagrire un po'".
(*Ansa*, 13 giugno 2002, ore 11.37)

E spiega:
"Ogni dieci anni si possono diminuire del 30 per cento gli organici delle aziende ed aumentare del 10 i profitti. E questo può valere anche per gli organismi internazionali. Quindi le critiche vanno prese non come un fatto negativo, ma come uno stimolo a fare di più".
(Idem)

Più tardi un assistente di Diouf gli passa un bigliettino, che il Cavaliere legge all'assemblea:
"Signor Berlusconi, dal 1996 ad oggi siamo già dimagriti del 30 per cento".
(Idem)

Berlusconi rimane ammirato dalla facilità con cui Diouf passa da una lingua all'altra (inglese, francese, di nuovo inglese, poi spagnolo) e dice:
"Non sarà riuscito a sfamare i poveri del mondo, ma le

lingue le ha imparate benissimo...".
(*Agi*, 13 giugno 2002, ore 13.46)

Alla conferenza stampa finale, per caso, ben tre giornalisti in lista per fare una domanda risultano assenti per
motivi 'fisiologici'. Lui commenta:
**"Credo proprio, a questo punto, che ci sia un Contro-
vertice alla toilette".**
(*Ansa*, 13 giugno 2002, ore 17.57)

Si può ridere di tutto

In Sicilia c'è una drammatica crisi idrica. Berlusconi, in
una conferenza stampa nell'isola, riferendosi al presidente della regione Salvatore Cuffaro:
**"Fategli i complimenti, avete visto come è dimagrito?
Ora non ha più ritenzione idrica!".**

Poi lo perde di vista:
"Dov'è Cuffaro? Forse è andato a bere dell'acqua?".
(*Corriere della Sera*, 15 maggio 2002)

I morti? Non si sono lamentati

Sala stampa di Palazzo Chigi. Un giornalista dell'*Unità*
rimprovera a Berlusconi che i corpi di alcuni clandestini annegati siano stati recuperati con i pedalò. E il Cavaliere:
**"I pedalò vanno bene. Non credo che nessuno si sia la-
mentato...".**
(*Ansa*, 27 settembre 2002, ore 12.49)

Il medium

Durante *Porta a Porta*, Bertinotti e Berlusconi litigano
sulle nefandezze del comunismo e del nazismo. Il leader
di Rifondazione ricorda, usando il presente, la notissima

storia dei sette fratelli Cervi, trucidati dalle SS durante la guerra. Bertinotti invita Berlusconi a visitare il cascinale dove furono uccisi. E Berlusconi:
"Sarò lieto di venire e di incontrare papà Cervi".
(che è morto da più di trent'anni, nda).
(*La Stampa*, 8 ottobre 2000)

Scrivere sui muri! Cioè, volevo dire...

Infuriato contro il governo Prodi, Berlusconi parte in quarta:
"Dovremo essere presenti sui muri d'Italia. È una cosa che ho sempre aborrito ma questo è il momento della storia d'Italia in cui si deve uscire a fare le scritte sui muri".
(*La Repubblica*, 15 settembre 1996)

Proteste, minacce di denunce. Immediato il dietrofront:
"Era un'affermazione chiaramente paradossale: intendevo dire che dobbiamo scrivere sui muri, ma sui manifesti autorizzati".
(Idem)

Del resto:
"Gli spray mi fanno venire l'orticaria. Anche ad Arcore hanno riempito di scritte incivili, tipo 'Padania libera'. Le ho fatte cancellare".
(*Corriere della Sera*, 29 settembre 1996)

Ruzzoloni

I potenti della terra presenti a Pratica di Mare, la mattina del 29 maggio 2002, fanno un sobbalzo quando un trionfante Berlusconi ricorda le origini della dinastia **"dalla quale nacquero Romolo e Remolo".**

I suoi lapsus diventano leggendari:

A Marsala grida **"Forza Marsiglia!"**.

A Mosca dice **"il presidente Puskin"**, confondendo Putin con lo scrittore russo.

Parla di **"San Pietrogrado"** riferendosi a San Pietroburgo.

Cita a più riprese la **"CSCO"** che in realtà è la CSCE. Gli viene fatto notare, e lui si difende dicendosi a disagio con le sigle: **"Ma conosco bene la Confederazione sulla sicurezza e la cooperazione in Europa"** (in verità si tratta della Conferenza permanente, nda).

Scambia Luigi Einaudi con Giulio, Gherardo Colombo con Furio.

Sottolinea il pericolo del **"vento giacomino... pardon, giacobino"**.

E Lord Robertson, segretario NATO, viene impietosamente ribattezzato **"Mister Robinson"**.

D'Alema, in diretta Tv, viene chiamato **"onorevole D'Avena"**, cognome della celebre cantante per bambini.

Lubiana, capitale della Slovenia, in una conferenza stampa diventa **"Lubianka"**, la triste sede del KGB a Mosca.

Dice **"convertere"** invece di convertire.

Ci sono reminiscenze di latino, e non mancano gli scivoloni, come quando cita un verso di Virgilio: **"Quam mutatus ab illo"**. Lo ripete due volte, ma la forma corretta è: 'Quantum mutatus ab illo'.
(*La Repubblica, La Stampa* e altre fonti)

I problemi del porto di Torino

Sabato 30 novembre 1996. Il cinema Lux di Torino è affollato di sostenitori adoranti. Il suo esordio:
"Vi leggerò l'intervento che ho fatto in Liguria perché la

situazione economica e finanziaria è molto simile".
(*La Repubblica*, 1 dicembre 1996)

Il Cavaliere vaga sulle generali. Ma non può, ad un certo punto, non criticare le
"discutibili decisioni prese per la zona vicino al porto".
(Idem)

Nella sala scende il silenzio, che diventa gelo quando Berlusconi tuona:
"Da parte della giunta regionale ci sono stati errori gravissimi".
(in Liguria è di centrosinistra, in Piemonte è presieduta dal fedelissimo Enzo Ghigo, nda).
(Idem)

Ma si accorge della gaffe e corregge:
"Sto parlando della Liguria".
(Idem)

Poi continua:
"Adesso vi dirò una cosa che non ha nulla a che vedere con Genova".
(Idem)

E parla di Trieste.

Alla fine gli chiedono l'identikit del candidato sindaco del Polo, e lui:
"Lo sceglieremo radicato nel territorio".
(Idem)

Un elefante tra i cristalli

Clamorosa è la frase sulla superiorità dell'Occidente nei confronti dell'Islam. Accade a Berlino, nel settembre 2001. Il Cavaliere si lamenterà di essere stato "impiccato" ad una parola, ma le cancellerie europee e i maggiori quotidiani del continente rimangono di sasso davanti a quelle frasi.

"Gli USA simboleggiano la civiltà occidentale di fronte al modo di vita musulmano", **"La nostra civiltà è superiore alle altre, alcune delle quali si trovano ancora al Medioevo"**. (secondo il prudente resoconto del quotidiano moderato francese *Le Figaro*, nda).

Il *Corriere della Sera* del 27 settembre riferisce più dettagliatamente il pensiero:
"Dobbiamo essere consapevoli della superiorità della nostra civiltà, che è fatta di principi e di valori che hanno portato ad un largo benessere per la collettività".

E poi:
"Da noi c'è rispetto dei diritti umani, religiosi e politici, che certo non c'è nei paesi islamici".
(Idem)

Più in là aggiunge che l'Occidente ha conquistato alla democrazia il mondo comunista e parte di quello islamico...
"ma un'altra parte è rimasta al 1400".
(Idem)

Il giorno dopo:
"Ho solo detto che tolleranza e libertà non sono proprie dei regimi fondamentalisti, che c'è di sbagliato?".
(*Corriere della Sera*, 28 settembre 2001)

Quello successivo:
"Sono dispiaciuto che qualche parola estrapolata dal contesto sia stata male interpretata ed abbia potuto urtare la sensibilità dei miei amici arabi e musulmani [...] Incontrerò martedì gli ambasciatori dei paesi islamici e sarò lieto di illustrare direttamente a loro, che peraltro già la conoscono, la linea del governo".
(*Corriere della Sera*, 29 settembre 2001)

Il Parlamento? Meglio l'edicola

Davanti all'ennesima, tragica escalation di sangue in Medio

Oriente tra israeliani e palestinesi, dalle opposizioni, e in particolare da Massimo D'Alema, viene chiesto a Berlusconi di riferire in Parlamento. Lui si rifiuta:
"Sono richieste ridicole. Basta leggere i giornali, anche *l'Unità*. Tutti possono vedere qual è la situazione in Medio Oriente".
(*La Repubblica*, 7 marzo 2002)

Il Parlamento? Mi fa perdere tempo

"Dovrò andare a rispondere ad interpellanze, la giornata di mercoledì se ne andrà per questo fatto".
(*La Repubblica*, 11 ottobre 1994)

Piovono le critiche e lui, candido, fa marcia indietro:
"Il mio rispetto per il Parlamento è assoluto… le frasi pronunciate contro le perdite di tempo non volevano in alcun modo ledere diritti e prestigio della Camera e del Senato".
(Idem)

I comunisti? Li ho sistemati

Il 15 giugno 2001, a Göteborg, durante la cena con i leader europei, con Bush ospite d'onore, Berlusconi si vanta di aver cacciato i comunisti dal governo italiano. La *France Presse*, autorevole agenzia internazionale francese, diffonde la notizia che Berlusconi si è esibito in una dura tirata anti-comunista, culminata con la frase:
"Il mio obiettivo è sbarazzare l'Italia dal comunismo".
(*Corriere della Sera*, 16 giugno 2001)

Il fatto è che alcuni governi presenti sono, o sono stati, sostenuti in vario modo dai partiti comunisti. Senza contare quello di Romano Prodi.
L'agenzia aggiunge peraltro che Berlusconi è stato anche invitato ad *"accorciare il suo discorso e a lasciare ad altri la parola"*.
(Idem)

Berlusconi smentisce energicamente:
"Quelle diffuse da un'agenzia sono notizie assolutamente destituite di fondamento: chiedetelo a tutti coloro che hanno partecipato a quella cena".
(Idem)

Cosa che tutti i cronisti si precipitano a fare. La *France Presse* insiste, citando l''alta fonte' da cui ha attinto la notizia (probabilmente un membro della delegazione francese). E rilancia, ricostruendo la frase incriminata di Berlusconi:
"Sono l'uomo più felice del mondo perché in Italia il partito comunista aveva più del 30 per cento dei voti e controllava il governo. Ora, con un voto democratico, tutto ciò è stato spazzato".
(Idem)

Il premier olandese Wim Kok non ricorda la frase esatta ma conferma la sostanza. Portoghesi, danesi e greci ammettono che la frase c'è stata. E il ministro degli esteri tedesco, Joschka Fischer, richiesto di un commento, dice:
"Potrei farlo, ma preferisco di no".
(Idem)

Mica l'ho detto io...

"Credo che in Iraq non ci siano ormai più armi di distruzione di massa, perché c'è stato tempo per la loro eliminazione o riallocazione".
(*Ansa*, 16 ottobre 2002, ore 15.15)

Parole di Berlusconi in una conferenza stampa a Mosca. Passa qualche ora, interviene forse qualche dubbio e il Cavaliere precisa che si tratta di un
"parere personale".
(*Ansa*, 16 ottobre 2002, ore 16.21)

Qualcosa succede nel frattempo, perché in serata arriva

un altro dispaccio urgente da Mosca, con Berlusconi che ribalta tutto:
"Questa è la posizione russa, è l'ipotesi che ha avanzato Putin".
(*Ansa*, 16 ottobre 2002, ore 22.41)

Con queste parole - precisa l'*Ansa* - il Presidente del Consiglio, Silvio Berlusconi, ha spiegato il senso del suo ragionamento, fatto questo pomeriggio a Mosca, sull'esistenza o meno di armi di distruzione di massa in Iraq.

Ma non è ancora finita. Il giorno dopo, a Lisbona, Berlusconi cambia ancora:
anche Putin **"è convinto che Saddam Hussein stia operando per occultare"** depositi e arsenali con armi di distruzione di massa **"per non farsi trovare con le mani nel sacco"**.
(*Ansa*, 17 ottobre 2002, ore 13.38)

Rendendosi conto del nuovo salto mortale, questa volta di altri, aggiunge:
"Putin ha cambiato la sua posizione politica".
(Idem)

Vabbè, mando la Rai

Il 23 ottobre 2002, visita lampo in Albania. Inaugurazione di ponti, pacche sulle spalle a Fatos Nano, premier albanese, cortei faraonici, ingresso trionfale nel Parlamento di Tirana, dove esordisce così:
"Non leggerò il mio discorso, tanto ce lo avete scritto".
(*Venerdì di Repubblica*, 22 novembre 2002)

Poi visita le splendide coste del Sud, dove ammira il panorama e promette:
"Manderò qui la Rai a riprendere le vostre magnifiche coste, così gli italiani verranno in vacanza".
(Idem)

Ingenuo, un albanese domanda ai cronisti:

"Ma è sua la Rai?".
(Idem)

Le corna di Caceres

La sfortuna volle che davanti al municipio di Caceres, nel cuore dell'Estremadura, in Spagna, ci fosse un fotografo della *France Presse*. A lui si deve il capolavoro di *"el Berlusconi ponendo cuernos à Piquè"*, come annunciano divertiti i giornalisti spagnoli. È l'8 febbraio 2002. Il Cavaliere è in giornata di grazia. È lì per il vertice dei ministri degli esteri europei, ma è anche Presidente del Consiglio:
"e quando gli altri ti parlano te ne accorgi e io, lo dico francamente, un po' me ne approfitto".
(*Corriere della Sera*, 9 febbraio 2002; *La Repubblica*, 9-10 febbraio 2002)

Succede che il sindaco fa un discorso barbosissimo e poco dopo tutti i ministri escono sulla piazza del municipio per la foto ufficiale. Berlusconi è come un ragazzino che esce a razzo dalla scuola. Si mette in posa sugli scalini, scherza con un gruppo di scout, ne prende uno, se lo mette davanti e intanto sale un gradino. Poi le mitiche corna dietro il ministro degli esteri spagnolo Josep Piquè. Più tardi dirà:
"Beh? Non lo sapete che questo è un vertice informale? Scherzavo".
(Idem)

Paolo Bonaiuti, suo portavoce, si affanna in sala stampa a smussare, sminuire. Esibisce persino l'intestazione dell'ordine del giorno del vertice, in cui c'è scritto 'informale'. Ma Berlusconi piomba tra i giornalisti e lo prende alle spalle:
"T'ho colto sul fatto, eh?"
(Idem)

Quale occasione migliore per togliersi una scarpa? Vedete? Niente trucchi:

"L'ho detto anche a pranzo ai miei colleghi, è falso come leggo su alcuni giornali come *L'Espresso* che metto i tacchi: guardate!"
(Idem)

Lo sgabello diplomatico

Bush è in visita a Roma dove incontra Berlusconi. Le telecamere li riprendono mentre camminano fianco a fianco sulla guida rossa. Uno dei due risulta chiaramente più basso. Poi però, dal palchetto dove pronunciano i discorsi di rito, l'altezza è uguale. Il trucchetto viene impietosamente immortalato dalle telecamere di *Striscia.*

Ancora i discorsi barbosi

Non conosce la diplomazia quando gli tocca sentire discorsi troppo lunghi. A Johannesburg, in Sudafrica, non sopporta i salamelecchi e sbotta:
"Non ne posso più! Sembra che il rappresentante di ogni paese debba dedicare almeno un minuto del suo intervento ai ringraziamenti al paese ospitante. Noi invece ci siamo distinti per non averlo fatto. Si tratta di un vezzo da togliere. Io sono per il pragmatismo".
(*Ansa*, 2 settembre 2002, ore 19.36)

Delicatezze

Argomenti di Berlusconi per sostenere Parma, come sede per l'agenzia alimentare europea, contro Helsinky:
"Come si poteva pensare di collocare questa agenzia in un paese che forse va molto fiero della sua renna marinata o del pesce baltico con polenta?".
(*Ansa*, 20 dicembre 2001, ore 19.03)

Qualche giorno prima, durante un vertice europeo, secondo il quotidiano inglese *The Independent*, aveva detto:

"Parma è sinonimo di buona cucina. I finlandesi non sanno neppure cosa è il prosciutto. Non posso accettare".
(*Ansa*, 17 dicembre 2001, ore 12.07)

Di Pietro mi disse...

Nel luglio 1994 Berlusconi, Presidente del Consiglio, viene raggiunto da un avviso di garanzia a Napoli, proprio mentre presiede un vertice internazionale contro la criminalità. Non la manda giù. Contro i magistrati milanesi cova un rancore sordo. Nell'aprile del 1995 comincia a raccontare che Antonio Di Pietro, star del pool milanese, non era d'accordo.

Firmò quell'avviso, riferisce Berlusconi, intervenendo alla trasmissione *Tempo reale* di Michele Santoro,
"solo perché è consuetudine che i provvedimenti si firmino collegialmente. Non sono così sicuro che fosse d'accordo".
(*Corriere della Sera*, 14 aprile 1995)

Possibile?
"C'è stato un colloquio privato fra noi, non sono autorizzato a riferirlo".
(Idem)

I cronisti cercano Di Pietro, che sta andando in ferie e risponde al cellulare:
"Io ho firmato migliaia di atti e nessuno mi ha mai costretto a farlo. Ho fatto quello che ho fatto senza costrizione alcuna".
(*La Repubblica*, 14 aprile 1995)

Ottima accoglienza? Ma quando mai

Il 10 ottobre 2001 Berlusconi presenta la legge finanziaria a Bruxelles:
"Ho fatto un'esposizione sommaria della finanziaria e ho

trovato un'ottima accoglienza, sia di Prodi che di Solbes".
(*La Repubblica*, 11 ottobre 2001)

Prodi, poco dopo:
"Non ne abbiamo parlato affatto".
(Idem)

E Solbes:
"Non ho espresso alcun giudizio sulla finanziaria italiana".
(Idem)

Nel pomeriggio del 20 settembre 2002 Berlusconi incontra il presidente degli industriali, Antonio D'Amato, e gli illustra l'impianto della legge finanziaria, in particolare il decreto fiscale. E della reazione di D'Amato dice:
"Ha trovato condivisibile il decreto fiscale, anche se non ha fatto salti di gioia".
(*Ansa*, 20 settembre 2002, ore 17.26)

Passa qualche ora e D'Amato dichiara ufficialmente:
"Non ho mai condiviso il decreto fiscale del governo. Non avrei mai potuto condividerlo non conoscendolo. Tanto meno posso condividerlo oggi: è un provvedimento dannoso per l'economia".
(*Ansa*, 20 settembre 2002, ore 20.07)

Album di famiglia

Il 20 aprile 2001 incontra i giornalisti a via del Plebiscito e, parlando dell'omicidio D'Antona ad opera delle nuove brigate rosse, butta lì che
"si tratta di un regolamento di conti interno alla sinistra".
(*Il Resto del Carlino*, 21 aprile 2001)

Poco dopo i giornalisti lo assediano e lui si rende conto di averla detta grossa. Tenta di spiegare:
"La mia non è un'affermazione, è soltanto un ricordo di ciò che mi è rimasto dalla lettura dei giornali, la mia è una valutazione assolutamente esterna, non è un giudizio".
(Idem)

La vedova D'Antona tuonerà tutto il suo sdegno. Berlusconi chiederà scusa, riconoscendo di aver detto
"una frase che si è prestata all'equivoco".
(Idem)

Vertice fantasma

Il 23 novembre Berlusconi annuncia che, davanti alle difficoltà di far quadrare i conti di Francia, Germania e Italia, i tre ministri dell'economia si sarebbero visti per affrontare il problema
"tra qualche giorno".
(*Ansa*, 23 novembre 2002, ore 17.30)

In pratica per allentare i vincoli di Maastricht che strozzano i conti pubblici. L'annuncio, virgolettato del Cavaliere, viene dato al mondo con un dispaccio d'agenzia.

Lunedì 25 un portavoce del ministro francese fa sapere che *"nessun incontro è previsto al momento nella sua agenda"*.
(*Ansa*, 25 novembre 2002, ore 19.38)

Ancor più impietoso un altro portavoce, quello del ministro tedesco: *"Non abbiamo ricevuto nessuna richiesta di un incontro dei ministri delle finanze"*.
(*Ansa*, 25 novembre 2002, ore 15.08)

Idee geniali

Come impiegare i 1800 operai Fiat di Termini Imerese che rischiano il posto?
"Mi viene in mente una cosa semplicissima, per esempio trasformarli in infermieri. Ora non dico tutti e 1800, ma vuoi che non ce ne siano 10 o anche 40 che hanno fatto un corso di pronto soccorso, o che all'oratorio avevano la responsabilità dell'armadietto delle medicine?" Bè questi qui **"si prendono e si formano per sei mesi, anche un anno, dopodiché si reimmettono nel mercato del lavoro.**

In un paese come il nostro non saranno mica 1800 persone senza lavoro il problema".
(*La Repubblica*, 4 dicembre 2002)

Con un po' di buona volontà (e di lavoro nero)

Berlusconi parla al *Tg4* ancora della tragedia della Fiat (5600 operai in cassa integrazione, di cui la metà senza speranze di rientro, blocchi e manifestazioni dalla Sicilia a Milano, Torino, famiglie disperate, per molti esperti la fine dell'automobile italiana) e dice:
"Gli operai che resteranno fuori dagli stabilimenti per alcuni mesi, ma che poi rientreranno, resteranno dipendenti Fiat e riceveranno dallo Stato un assegno pari all'80 per cento del normale stipendio fino al giorno del rientro. Nel frattempo, i più volenterosi troveranno certamente un secondo lavoro, magari non ufficiale, dal quale deriverebbero entrate in più in famiglia".
(*Ansa*, 7 dicembre 2002, ore 14.06)

L'opposizione insorge: ma come, Berlusconi invita al lavoro nero, a violare la legge?
"Si passa di gaffe in gaffe ogni giorno", se la ride D'Alema.

I sindacati protestano. Le parole di Berlusconi sono registrate. Lui, dopo qualche giorno, risponde così, giudicando **"indecente il fatto di avermi attribuito una constatazione che risulta a tutti: che oltre l'80 per cento di chi sta in CIG** (cassa integrazione guadagni, nda) **ha il secondo lavoro. È stato indecente attribuirmi la volontà di invitare a cercarsi un lavoro in nero".**
(*La Repubblica*, 12 dicembre 2002)

Ma dove ti sei fatto tagliare i capelli? A Sesto?

Incontra il giocatore del Milan Gennaro Gattuso e non sa trattenersi:
"Che capelli! Sembra che te li sei fatti fare da un par-

rucchiere di Sesto San Giovanni!".
(*Corriere della Sera*, 23 maggio 2002)

Non meno divertenti sono le proteste dell'associazione parrucchieri e del sindaco della cittadina. *"La categoria è offesa"*, tuona Salvatore Masi, parrucchiere e candidato al consiglio comunale per i DS.

Via i meridionali

Berlusconi esisteva anche prima della sua discesa in campo, e c'erano pure gli scivoloni. Nel 1990 magnifica le sue Tv ma scivola con una affermazione sui meridionali che in seguito dovrà correggere e precisare:
"Perché è a quest'Italia che le televisioni Fininvest, con la loro audience del 40 per cento, vogliono sempre più rivolgersi: i consumatori di livello medio-alto soprattutto nelle regioni centro-settentrionali. Dai nostri palinsesti è scomparso qualche conduttore molto legato a cadenze o dialetti dell'Italia del Sud".
(*La Stampa*, 24 ottobre 1990)

Che belli chalet

Berlusconi a San Giuliano di Puglia ci va di persona, il 23 dicembre 2002, per controllare lo stato dell'opera, verificare, programmare, consolare e promettere. Davanti ai primi prefabbricati in legno, alcuni dei quali messi su in fretta e furia nelle ultime ore, il Cavaliere rimane estasiato ed ha visioni di vallate alpine:
"Guardate che belli chalet, comodi, confortevoli, sicuri…".
(*Il Messaggero*, 24 dicembre 2002)

Ne visita uno e promette:
"Bello, bello questo fabbricato-chalet. Ma servono delle stampe per abbellire i muri. Ve ne manderò alcune della Mondadori".
(Idem)

Ma in fondo il Duce...

"**Fini ha detto che Mussolini, in una certa fase temporale, è stato un grande statista. Dopo, ovviamente, ha represso la libertà e ha portato il paese alla guerra. Così è chiaro che il risultato finale è di condanna, ma per un certo periodo Mussolini fece cose positive. E questo è un fatto confermato dalla storia".**
(*La Stampa*, 28 maggio 1994)

Come Napoleone

**"Lasciatemi fare uno sfogo: ho l'ambizione di conclude-
re la mia avventura umana lasciando un piccolo segno
nella storia del nostro Paese".**
(*Ansa*, 24 febbraio 2001)

Conferenza stampa sulla nave "Azzurra". Berlusconi ricorda i suoi successi: dall'edilizia al calcio, dall'emittenza alla politica, fino al giardinaggio. E spiega:
**"Non è un complesso di superiorità, è un fatto oggetti-
vo. Berlusconi ha una caratura imparagonabile".**
(*Ansa*, 5 aprile 2000, ore 21.12)

**"Berlusconi ha costruito un impero, tiratemi fuori uno
che in Europa possa avere un peso specifico come quello di Berlusconi".**
(Idem)

Pertanto:
**"Se l'Italia affida il governo a Berlusconi è una fortuna
per il Paese".**
(Idem)

Ma c'è anche spazio per l'amarezza:
**"Mi devo confrontare con gente che nella vita non ha fatto
nulla, che non è riuscita neppure a prendere una laurea e
sta su solo perché ha ereditato un partito. Io che il partito
l'ho creato da zero, che ho un gruppo che in Borsa viaggia**

a gonfie vele, vengo messo alla pari con gente che nella mia azienda non supererebbe un concorso da archivista".
(Idem)

Mi devo frenare:
"Guardando in giro vedo che non c'è un governo migliore: ho un complesso di superiorità che devo frenare".
(*La Stampa*, 22 luglio 1994)

Anche perché:
"Sì, ho il polso del Paese. L'ho sentito in anni e anni lavorando con i nostri collaboratori, con i clienti dell'azienda, durante le convention, durante gli incontri quando, tavolo per tavolo, azienda per azienda, manager per manager, andavo discutendo e cercando di rendermi conto di quali fossero i problemi".
(*Corriere della Sera*, 26 marzo 1994)

E ricordatevi che:
"Il popolo del resto mi ha eletto proprio a causa delle mie capacità imprenditoriali fuori del comune".
(*La Repubblica*, 9 agosto 1994)

Insomma, non bisogna perdere tempo:
"Il voto degli italiani è stato chiaro, non ci sono più dubbi, i numeri lo impongono: io devo fare il centravanti, il premier. Punto e chiuso. Di questo argomento non parlerò più".
(*La Repubblica*, 1 luglio 1999)

Promesse o minacce:
"Tra vent'anni state sicuri che starò ancora qui a farmi il mazzo".
(*Ansa*, 13 aprile 2002, ore 19.29)

Il governo sta lavorando per un
"cambiamento titanico del Paese".
(*La Repubblica*, 11 aprile 2002)

Il bisogno di sentirselo dire è opprimente:

"**Ho ammirato e ammiro Agnelli. D'altronde anche io sono ormai un modello per tanti giovani che mi scrivono perché vogliono conoscermi**".
(*La Repubblica*, 26 ottobre 1994)

Infatti:
"**Quando vado in giro faccio fatica a divincolarmi dalle attenzioni che la gente mi manifesta. Entro in un negozio e si forma un circolo di persone che mi comporta dieci minuti per potermi divincolare**".
(*Ansa*, 30 dicembre 2002, ore 21.23)

Come i santi:
"**Quando vado in Molise o in Sicilia, come ultimamente a Santa Venerina, qualcuno ha detto che c'era una processione che si forma soltanto dietro a certi santi. Non è che voglia paragonarmi a un santo…**".
(Idem)

"**Ma il presidente della Regione diceva ai suoi collaboratori che era veramente una processione, tanto che lui e i suoi amici avevano intonato canzoni che si cantano nelle processioni**".
(Idem)

Da tempo il Cavaliere era del resto già consapevole di sé:
"**Per strada, nei negozi, allo stadio, la gente mi saluta, mi sorride, si complimenta, mi applaude**".
(*La Repubblica*, 24 settembre 1991)

Berlusconi si paragona con disinvoltura non solo ai grandi della terra, ma ai grandi della storia. È il 6 aprile del 2001, parla ad un convegno della Confcommercio.

Berlusconi:
"**Anch'io ho scritto le tavole della legge, come Napoleone e Giustiniano**".

Una voce:
"*Hai dimenticato Mosè*".

Berlusconi:
"Mosè era un passatavole, non le scriveva lui, le leggi gli venivano di sopra".

Si fa silenzio, ma lui insiste:
"Anche noi abbiamo pronte le nostre dodici tavole".

Massimo D'Alema commenta:
"Berlusconi lo vedremo presto con uno scolapasta in testa".
(*La Repubblica,* 7 aprile 2001)

Del resto era stato proprio Berlusconi a dire nel lontano 1992:
"Lo confesso, di fronte a tanti apprezzamenti è facile scivolare, anche senza volerlo, nel complesso napoleonico".
(*Il Mondo,* 15 giugno 1992)

Ma c'è un antidoto:
"Quanto al complesso napoleonico, tra me e Fedele Confalonieri c'è un patto. Quello di avvisarci reciprocamente qualora uno dei due rincoglionisse. E Fedele ancora non mi ha detto niente".
(*Il Mondo,* 29 novembre 1993)

A Franco Billè, presidente della Confcommercio, che gli sottolineava la necessità di un "profondo cambiamento" nelle politiche del governo:
"Ghe pensi mi, o se preferite, in veneto, faso tuto mi".
(*Ansa,* 6 aprile 2001, ore 12.22)

Ma è consapevole:
"Mi immagino già le ironie di domani: dopo Giustiniano e Napoleone, adesso mi daranno del 'Venezia', pazienza".
(Idem)

Un mausoleo da faraone:
Berlusconi vuole una sepoltura degna della sua fama. Nella villa di Arcore ha fatto costruire da Pietro Cascella un mausoleo che riproduce la tomba del faraone egizio Tutankhamon. Grazie ad un codicillo inserito dal mini-

stro Pietro Lunardi nella legge obiettivo sulle grandi opere pubbliche, sarà ora possibile superare le restrizioni
dell'Editto di Napoleone e farsi seppellire nella maesto-
sa pace del parco di Villa San Martino. Berlusconi vuole
anche traslare la salma del padre, Luigi, e donare il riposo eterno in un luogo degno anche ai suoi fedelissimi:
Fedele Confalonieri, Marcello Dell'Utri e Gianni Letta.
(*La Repubblica*, 17 gennaio 2003)

Qualche anno prima, parlandone con Vittorio Zucconi.
**"Anche per questa tomba qualche giornalista mi ha pre-
so in giro; ma sa perché l'ho costruita? Perché mio padre, prima di morire, mi disse: Silvio, mettimi qui nel
tuo parco, così quando vai a correre alla mattina ti fer-
mi un momento e mi dici 'Ciao papà'".**
(*La Stampa*, 7 aprile 1994)

Mi dicono che Carlo V

Il 27 novembre 2002, tornato dal summit NATO di Praga, Berlusconi parla con i giornalisti, ignari di un capolavoro in agguato.
**"A Praga ho chiesto chi fosse il committente di quella
continuità di bellezza e quando mi hanno risposto che
era stato Carlo V confesso di aver provato un moto d'invidia. Poi ho domandato quanto ci avesse messo e mi
hanno risposto che aveva governato per cinquant'anni…
Il nostro governo si vede attribuire colpe e disattenzioni
dopo soli quindici mesi".**
(*Agi*, 27 novembre 2002, ore 19.09)

Peccato che a costruire le meraviglie di Praga è Carlo IV
di Lussemburgo (1316-1378), non certo Carlo V (1500-
1558), che riempirà di gesta l'Europa, ma non certo la capitale boema.

Berlusconi non disdegna però neanche un posto fra i vec-
chi eroi del West:
"Qualcuno mi ha detto: 'Lei ha fatto come quel film

**dove tutti si scazzottano nel saloon poi arriva lo sceriffo
che spara in alto tre colpi e dice: adesso basta!. E piano
piano i litiganti cominciano a fermarsi, poi uno pulisce
l'altro, poi gli dà la mano e lo tira su da terra'".**
(*La Stampa*, 23 dicembre 1995)

L'avevo detto

Nel gennaio 2002 la preoccupazione di tutti è quella
dell'impatto dell'euro sui prezzi. Per Berlusconi si aggi-
rerà sul più 0,2 per cento e...
**"non metterà assolutamente in discussione il nostro obiet-
tivo, che è quello di riportare l'inflazione attorno al 2
per cento a fine anno".**
(*Ansa*, 15 gennaio 2002, ore 17.51)

L'inflazione? È **"contenutissima"** e quindi **"non bisogna
fare tragedie".** (L'inflazione tendenziale finirà a dicembre 2002 al 2,8 per cento, nda).
(*Ansa*, 30 agosto 2002 ore 15.48)

Il governo, con il ministro dell'economia Giulio Tremonti,
assicura che tutto è sotto controllo e che non c'è da aver
paura. Berlusconi, nove mesi dopo, non riesce a trattenersi:
**"Ma io avevo previsto che con l'euro ci sarebbe stato un
incremento dei prezzi al dettaglio per via degli arroton-
damenti che sono stati automatici. Anche mia zia, direttore del teatro Manzoni, ha arrotondato a sei euro il
prezzo delle poltrone che era con il cambio di 5,72, nonostante il mio parere contrario. Bisogna fare i calcoli
con una nuova moneta. Tutti gli acquisti voluttuari hanno subito una contrazione terribile".**
(*Ansa*, 21 settembre 2002, ore 20.35)

Guarito, metto tutto a posto

Nel giugno 1997, lontano dal governo, Berlusconi esibisce tutta la sua soddisfazione per il ruolo che sta avendo

nella commissione bicamerale per le riforme (che poi fallirà miseramente):
"Nel mio diario scriverei che qualcosa d'importante l'ho fatta anche io... Vi ricordate che all'inizio la maggioranza non voleva fare le riforme. Io però ho insistito... non ci hanno dato la Costituente, abbiamo accettato la Bicamerale... poi, mentre sono stato malato, stava per saltare tutto. Sono tornato e ho rimesso le cose in ordine".
(*La Repubblica*, 1 luglio 1997)

La terza persona imperiale

"Il signor Berlusconi ha creato Forza Italia, primo partito del polo delle libertà... e quindi non ci sono dubbi su chi sarà il nuovo Presidente del Consiglio. Se mi consentite ho molta fiducia in lui".
(*La Stampa*, 31 marzo 1994)

C'è un perché:
"Io credo che se faceste un'esegesi di tutti i giudizi del signor Berlusconi, vedreste che ha sempre avuto ragione, nel calcio e non".
(*Ansa*, 17 agosto 1994, ore 21.56)

E lo spiega:
"Mi spiace, non voglio parlare di me in terza persona, ma molto spesso viene comodo. Questo però non significa nessuna aumentata considerazione di me stesso, anche perché più alta di così non potrebbe essere... è un fatto morale, con tutti gli attacchi subiti mi sento così superiore a queste cose".
(*La Repubblica*, 6 dicembre 1994)

Il successo non si discute

"Ma, dentro di me, sono e resto sereno, perché so di aver restituito al nostro Paese un ruolo importante e di

grande prestigio in tutti i consessi internazionali dove sono andato a rappresentarlo. All'interno sto già riorganizzando difesa, ospedali, giustizia: sto lavorando bene, come credo che nessuno abbia mai fatto, e sono convinto di essere nella posizione giusta".
(*La Stampa*, 18 luglio 1994)

Walter Veltroni dichiara che se Berlusconi fosse rimasto al governo, avrebbe distrutto l'Italia. Non l'avesse mai detto. Il Cavaliere è un fuoco ardente:
"Deve essere invece chiaro che il nostro era ed è un programma di governo non criticabile".
(*Ansa*, 24 aprile 1997, ore 18.23)

Peccato che non l'hanno lasciato governare:
"A Palazzo Chigi ci hanno consentito di esprimere solo il 15 per cento del nostro talento".
(*La Stampa*, 11 marzo 1995)

Anche la scuola ottiene ora un cambiamento epocale:
"Una riforma organica della scuola così, non ricordo che sia mai stata fatta in Italia da 70 anni a questa parte, dopo quella Gentile".
(*La Stampa*, 2 febbraio 2002)

Umile:
"Voi volete che un protagonista come me finisca nei pochi minuti del pastone politico!".
(*La Repubblica*, 13 febbraio 1994)

"Ma io dopo quello che ho fatto nella vita non intendo certo mettermi a livello dei politicanti".
(*La Repubblica*, 6 aprile 1994)

La sofferenza interiore:
"Quando sento questo abbaiare alla luna mi sento male. Io sto male di fronte a questo teatrino, a questi cori e a queste voci bianche, con battutisti che non troverebbero spazio neanche nei programmi televisivi".
(*La Repubblica*, 23 settembre 1995)

"Mi sento sprecato in mezzo a tanti omettini che fanno politica".
(*La Repubblica*, 18 dicembre 1995)

"Vede caro signore, a me sta venendo un complesso di solitudine per la politica. Di tutti quei signori che ci sono nel Palazzo, non ce ne è nemmeno uno che assumerei in una mia azienda".
(*Ansa*, 27 giugno 1999, ore 19.53)

Berlusconi-Fata smemorina contro alcuni dei suoi deputati:
"Sono stato come il principe azzurro con le zucche: li ho fatti diventare tutti onorevoli".
(*Corriere della Sera*, 19 gennaio 1995)

È pure autosufficiente:
"Ma vi assicuro che molti italiani sono contenti di avere un Presidente del Consiglio che può viaggiare sui suoi aerei e sulle sue auto, e ricevere gli ospiti di Stato in residenze di sua proprietà: io pago di persona anche i regali per gli ospiti stranieri".
(*La Repubblica*, 9 agosto 1994)

E ben al di sopra delle miserie:
"In questi giorni ho letto una serie di vacuità, di assurdità, di piccole beghe da retrobottega... e tutto ciò fa sì che l'unico spunto vero di seria riflessione sia stato ignorato dalla stampa".
(*La Repubblica*, 27 settembre 1996)

Cioè?
"La mia lettera sui valori fondanti di Forza Italia e sul futuro politico del nostro movimento pubblicata su *Panorama*".
(Idem)

"Questo chiacchiericcio estivo lo lascio alle comari. Quando si passerà alle cose serie interverrò anch'io".
(*La Repubblica*, 22 agosto 1996)

"Il vero guaio per tutti sarebbe se io scappassi dall'Italia, ah, ah".
(*La Stampa*, 30 ottobre 1995)

"Fini ha ragione: i candidati sono tantissimi. Di italiani che vogliono essere CT della nazionale ce ne sono tantissimi, ma poi di Sacchi ce n'è uno solo".
(*Ansa*, 5 marzo 1996, ore 21.17)

"Ma perché mi attaccano? Perché non capiscono che sono l'unico che può aggiustare questo Paese?".
(*Corriere della Sera*, 19 aprile 1996)

Le regionali del 1995:
"Ho dovuto mettere a punto personalmente le liste per il 23 aprile, dirimere, scegliere i candidati, bocciare i nomi appartenenti alla vecchia politica. Ho dovuto trovare risposte ai problemi di tutti, Forza Italia, Cattolici liberali, Unione di centro, Leghisti federalisti, Popolari di Buttiglione, Cattolici cristiano-democratici. Ho creato il nuovo simbolo del Polo, ideato lo spot, ho messo d'accordo le varie esigenze. Insomma, ho fatto Silvio il Salomone".
(*La Repubblica*, 27 marzo 1995)

Campane a stormo:
"Il 23 aprile suonerà una campana. Il paese che ha scelto la libertà si farà sentire con un rintocco. E a quel rintocco quei signori si sveglieranno dal loro sogno, il sogno di cancellare la rivoluzione popolare iniziata il 17 marzo scorso".
(*La Repubblica*, 28 marzo 1995)

"Crolleranno le dighe dell'ipocrisia, la verità dilagherà".
(Idem)

"Senza di me, il Polo perde. Anzi, dirò di più. Senza di me il Polo non può esistere".
(*La Stampa*, 21 febbraio 1996)

Comizio a Milano, prima delle elezioni:

"E sappiate che se sarò il Presidente del Consiglio, invertirò le percentuali: 20 per cento del tempo dedicato alla rappresentanza, 80 per cento dedicato al fare. Sono fatto così. Anche mia mamma me lo dice sempre: 'te lauret semper'. È milanese puro, ma sembra latino".
(*Ansa*, 27 gennaio 2001, ore 16.57)

In piedi, entro io

La mattina del 21 luglio 1994, il Presidente del Consiglio Silvio Berlusconi entra nel sontuoso salone di Palazzo Chigi dove lo attendono le delegazioni dei sindacati e di Confindustria. Nessuno si muove, e lui non gradisce, chiedendo con energia che si ripristini un'antica usanza.
"Quando entra il Presidente del Consiglio, ci si alza!".
(*La Stampa*, 22 luglio 1994)

La parabola del Grande Orecchio

Da *Il Messaggero* del 28 giugno 1994:
Ufficio suggerimenti. Berlusconi ha annunciato che sarà presto operativo presso la Presidenza del Consiglio. Naturalmente - ha aggiunto - non tutti i consigli saranno seguiti.

Estate 1994. Berlusconi trasforma radicalmente il governo:
"Palazzo Chigi sarà sempre un Grande Orecchio pronto a captare i segni del disagio e della disillusione".
(*La Stampa*, 11 settembre 1994)

Nella bolgia di Bari, soffocato dal caldo, dai fan, e dall'abbraccio dei notabili locali, il Presidente del Consiglio è tormentato dai cronisti che gli chiedono cosa intenda per Grande Orecchio. Una battuta di qualche giorno prima. Berlusconi è indeciso:
"Non so se è una buona immagine quella dell'orecchio. Forse non funziona, ma volevo dire che mi preme stare

a sentire la voce del Paese".
(*La Repubblica*, 11 settembre 1994)

Una delle voci del paese è quello striscione dei disoccupati *"Berlusconi vattinne"*, che il corteo del Presidente evita di avvicinare. Ma anche quella del senatore di Forza Italia, Antonio Lorusso, re del caffè, che gli si fa incontro presentandogli Michele Matarrese (imprenditore edile) e Vincenzo Divella (magnate degli spaghetti):
"Eccoci qua, Presidente, al suo servizio: la pasta, il caffè e le costruzioni".

Berlusconi ascolta e annota. Annota richieste su richieste. Si fa Grande Orecchio, finché, davanti ad un signore che gli chiede di fare qualcosa per Bari, sbotta:
"Ah, se lei sapesse, caro signore, quante cose si aspettano da me. Tante, tantissime e tutte importanti. Problemi, promesse e ad essere sincero non so neanche da dove cominciare".
(Idem)

"La gente ha capito che c'è in giro un rivoluzionario che vuole cambiare il Paese e vuole governare per la felicità di tutti".
(*Ansa*, 23 agosto 2000, ore 20.04)

Boom!

La foga trascina il Cavaliere in un assurdo aritmetico: da quando sono al governo **"gli sbarchi dei clandestini si sono ridotti del 247 per cento".**
(*Ansa*, 21 dicembre 2001, ore 13.18)

"Sono incapace di dire di no. Per fortuna sono un uomo e non una donna".
(*Ansa*, 22 aprile 1999, ore 12.37)

Latin lover

"Dicono che io sia un donnaiolo? Sì, lo dicono. Che dicano…"
(*La Repubblica*, 29 aprile 1994)

Berlusconi non nasconde le sue storie d'amore. Le rivela anche agli industriali turchi, che incontra a Roma:
**"Io sono con voi anche perché da giovane ho avuto una
meravigliosa fidanzata turca".**
(*La Repubblica*, 13 novembre 2002)

Qualche mese prima, rispondendo a chi gli chiedeva
perché non fosse popolare in Francia, racconta:
**"Non sono popolare con i vostri colleghi e con coloro
che ne subiscono il fascino, ma con i francesi sono po-
polarissimo; basta contare le fidanzate che ho avuto lì".**
(*Ansa*, 18 aprile 2002, ore 20.00)

Un chiodo fisso

Catania, comizio, presentando l'onorevole Palumbo alla folla:

"Ecco un uomo che ha sempre le mani in pasta... è ginecologo".
(*Corriere della Sera*, 4 aprile 2000)

Luglio, Transatlantico di Montecitorio, caldo torrido. Rivolto ad una giornalista:
"Ha l'ombelico scoperto, stia attenta che prende freddo".
(*Agi*, 11 luglio 2002, ore 11.16)

Mai fatto cilecca

Avvocato Prisco:
"La politica e il sesso dopo 50 anni possono far male".

Silvio Berlusconi:
"Sarà forse che lui è incappato in defaillance che invece io non conosco".
(*La Repubblica*, 21 dicembre 1993)

Domanda:
Interromperebbe di fare l'amore per guardare uno spot pubblicitario?

Risposta:
"Che razza di domanda è questa? Certamente no".
(*Il Messaggero*, 20 novembre 1986)

Galante

Vertice FAO, Roma:
"Ringrazio tutti voi, ma in particolare le belle delegate".
(*Ansa*, 13 giugno 2002, ore 17.57)

Saxa Rubra, Roma, atrio palazzina B, rivolto a due truccatrici Rai che lo accolgono:
"Volevo portarvi una scatola di cioccolatini ma Marinella, la mia segretaria, dice che non fa fine. La prossima

volta però le disobbedisco".
(*La Stampa*, 10 giugno 1994)

Rivolto a due donne sindaco del centrosinistra, Paola Pessina (Rho) e Angela Fioroni (Pero):
"Anche se siete espressioni di giunte di sinistra, io, da Presidente del Consiglio, vi ho baciato".
(*Ansa*, 6 ottobre 2002, ore 16.22)

Visita a Santa Venerina (Catania), una poliziotta del servizio d'ordine rischia di essere travolta dalla folla, Berlusconi l'abbraccia:
"Io, che difendo la polizia...".
(*Ansa*, 27 dicembre 2002, ore 15.49)

Dialogo con la pianista Rita Forte, allora a TMC:
"Lei è troppo brava! Perché non viene da noi?".
"Ma se lei non mi chiama...".
"Quando ci vediamo?".
"Quando vuole lei".
(*La Stampa*, 30 ottobre 1995)

Confidenze:
"Dopo una vita da peccatore, ho dovuto imparare a vivere nella trasparenza. Vivo circondato da guardie, non ho più segreti, non mangio al ristorante da due anni. A parte, forse, un pranzo... con Tatarella, si figuri!".
(*La Repubblica*, 12 luglio 1997)

Qualcosa di duro

Il Cavaliere è sommerso dai fan, dovunque vada. Il 2 dicembre 1995 è a Vercelli. Il teatro civico (900 posti) non basta a contenere gli aficionado. Si affitta anche il cinema Viotti, dove il comizio (2 ore e 5 minuti di torrenziale discorso, peraltro con molte pause per ovazioni e applausi) viene trasmesso su un maxi-schermo. Una vera performance, con gran finale di ressa. Lasciamo raccontare un cronista de *La Stampa*, Cesare Martinetti, testimone della scenetta:

"Un corpo a corpo con la sua gente che ha toccato il clou quando, per rispondere ad una donna che gli chiedeva di tornare ad essere 'duro' come il 27 marzo (del 1994, data delle trionfali elezioni politiche, nda), s'è avvicinato al palco di proscenio per farsi tastare il bicipite".

(*La Stampa*, 3 dicembre 1995)

Silvio e Veronica

Silvio Berlusconi si sposa a Milano il 15 dicembre del 1990 con Veronica Lario. L'appuntamento è per le 17 a palazzo Marino, sede del Comune. Officia Paolo Pillitteri, i testimoni per lo sposo si chiamano Bettino Craxi e Fedele Confalonieri, per la sposa Anna Craxi e Gianni Letta. Un solo invitato, la madre della sposa.

Veronica ha 34 anni, indossa un abito corto, chiaro, su cui appoggia una pelliccia di visone selvaggio. Lui, raccontano le cronache, il "solito cappottone di cachemire che porta sempre allo stadio". Sotto, il classico doppiopetto grigio.

Berlusconi aveva annunciato la data del matrimonio per il 24 dicembre per depistare i curiosi.

Ma, come si dice a Roma, anche questa volta non riesce a 'tenersi un cecio in bocca'. La mattina plana con l'elicottero a Milanello e "spiffera" ai cronisti sportivi la lieta novella.

Riportiamo qui alcuni passi di un articolo di Enrico Bonerandi per *La Repubblica*:

"Ma ecco una voce che lo chiama all'interfono: Agnelli al telefono. In realtà non è Gianni Agnelli che chiama Berlusconi, ma Berlusconi che da mezz'ora ha dato incarico alla segretaria di rintracciare l'Avvocato. Agnelli non è a casa, e il presidente della Fininvest parla con qualcun altro a Torino. La sua voce è squillante e arriva fuori dall'ufficio a orecchie indiscrete. Dice: **"Riferisca all'Avvocato che Berlusconi voleva la sua be-**

nedizione perché si sposa oggi alle 17".

I cronisti balzano in piedi, le penne fremono, ma non si può confessare al Presidente che si è origliato...

"Oggi per me è una giornata speciale, mi sposo".
Dice subito Berlusconi quando riattacca il telefono, togliendo tutti quanti dall'imbarazzo. Strette di mano, complimenti... il presidente sprizza felicità e concede pure qualche battuta che poi chiederà di cancellare dai taccuini. E che invece tutti scrivono, com'è ovvio:
"Per me sarà una notte da campione del mondo... conosco Veronica da dieci anni, ma ogni giorno con lei è come se fosse la prima volta".
(*La Repubblica,* 16 dicembre 1990; *Ansa,* 15 dicembre 1990, ore 18.42)

Ancora su Veronica:
"Ne sono caduto innamorato la prima sera che l'ho vista e devo confessare che ne sono innamorato ora più che allora. Un colpo di fulmine, la vidi in teatro, al mio 'Manzoni'... fui subito colpito dal suo aspetto fisico e dal modo di recitare. La conobbi quella sera stessa e mi colpì anche la sua personalità. Da allora non ho avuto mai, mai, mai a pentirmi di quell'innamoramento a prima vista che continua ancora".
(*Ansa,* 4 marzo 2000, ore 13.12)

"Quando c'è un grande amore tra due persone, tutto quello che precede sparisce nella memoria".
(*Ansa,* 18 gennaio 2001, 20.46)

"Aboliti vini, dolci, caffè e alimenti contenenti lievito. Mai andato al ristorante, neppure una volta. Sempre a casa mia con mia moglie Veronica e gruppi ristretti di amici, cinque o sei persone. La notte, solo noi due".
(*Ansa,* 15 settembre 1999)

"La qualità della mia vita è peggiorata da quando sono Presidente del Consiglio. Prima dedicavo il lunedì a mia

moglie, da quando sono Presidente li passo con Bossi. Potete immaginare…".
(*Ansa*, 12 luglio 2001, ore 20.14; *Ansa*, 3 marzo 2002)

Pene d'amore

Veronica:
"Certe volte, quando lo prendo tra le braccia, sento di conoscerlo veramente. Ma è una fuggevole illusione. Per tutti è talmente complicato conoscere bene un'altra persona…".
(*Ansa*, 17 luglio 1994, ore 17.10)

Veronica:
"Non ho mai ricevuto alcun mazzo di fiori proveniente da Palazzo Chigi".
(*Ansa*, 9 febbraio 1995, ore 15.51)

Veronica:
"Silvio non mi porta mai da nessuna parte".
(*Corriere della Sera*, 2 dicembre 1996)

Dialogo tra Silvio e Veronica

Silvio:
"Non è vero che dopo tutte le interviste mi è venuta una voce più sexy?".
(*Corriere della Sera*, 23 aprile 1996)

Veronica:
"Non è vero, ma è il bugiardo più divertente che conosca".
(Idem)

Gelosie

Da una lettera aperta di Veronica, in polemica con il Pm di Milano Paolo Ielo che aveva messo agli atti una telefonata tra lei e Anna Craxi:

"*Nei Sermoni, Sant'Agostino sostiene: 'Se uno ti offende mentre ci siono molti a sentire, pecca anche contro di loro, poiché li rende testimoni della propria iniquità'*".
(*Corriere della Sera*, 1 ottobre 1985)

Durante una conferenza stampa con il premier danese, Berlusconi si esibisce, per smontare il pettegolezzo, in quello che poi la stampa ha definito il più clamoroso caso di auto-gossip della storia recente:
"Rasmussen è anche il primo ministro più bello d'Europa... penso di presentarlo a mia moglie, perché è molto più bello di Cacciari... secondo quello che si dice in giro... povera donna".
(*Ansa*, 4 ottobre 2002, ore 18.21)

Rasmussen guarda stralunato Berlusconi, senza afferrare il senso della battuta, e allora il Cavaliere lo rassicura in un improbabile inglese:
"You don't know the history, I'll tell you after".
(Idem)

letteralmente: "*Non conosci le vicende storiche, te le racconterò dopo*".

Cacciari su Veronica:
"*Mai vista Veronica Lario in vita mia, neanche da lontano. Posso solo esprimere tutto il mio rammarico alla signora per il marito che si ritrova*".
(*Ansa*, 23 gennaio 2003. ore 17.19)

Canzone napoletana dedicata a Veronica:

'A gelusia (*testi: Silvio Berlusconi-Rino Giglio / musica: Mariano Apicella*)
Dint' a 'stu core tengo sul'a'tte
Te voglio bene ma me faie suffrì
Te voglio bene ma me faie mpazzì
Me guarde e ride e nun me vuo' sentì

Te chiammo e nun rispunne
Te cerco e nun ce staie
Te prego e tu non vuo'
Non vuo' mai dirmi sì
Te voglio bene e tu me fai suffrì
Me guarde e ride e nun me vuo' capì
Nun fa' accussì

E sto perdenno 'o suonno
Ma tu si 'a vita mia
Resto cu tte e accire 'a gelusia

Invidie?
"Adesso parlerà Pier Ferdinando Casini, sicuramente il più bello dei politici europei… sapete gli italiani si vantano di essere dei gran conquistatori. Io me ne vantavo quarant'anni fa, lui invece può farlo ancora adesso".
(*Ansa*, 13 giugno 2002, ore 10.30)

"Rutelli è molto più bello di me, questo bisogna dirlo, assolutamente…".
(*Ansa*, 27 settembre 2000, ore 11.08)

Quadretti di famiglia

Lasciar perdere tutto, stare con la famiglia e oziare?
"Qualche volta sì, mi piacerebbe davvero farmi da parte, lasciare che gli altri se la cavino da soli. Mi viene in mente Ungaretti: 'Lasciatemi così, come una cosa posata in un angolo e dimenticata'. Per due o tre giorni, naturalmente. Non di più".
(*La Stampa*, 9 febbraio 1993)

La mamma, il faro di Silvio:
"Una volta la portai in una villa al mare. Dopo averle fatto fare un giro le chiesi: il mare da che parte è. 'Là', mi rispose la mamma. Guardai e c'era la montagna".

La morale:

"Per cambiare davvero le cose, non basta intervenire con singoli provvedimenti. Dobbiamo fare come la mia mamma: guardare a tutto ciò che è stato in passato e comportarci in modo opposto".
(*La Repubblica*, 4 aprile 1996)

Berlusconi ai sindacati:
"Quando ho provato a spiegare a mia madre cosa significa ridurre la spesa corrente, mia madre mi ha detto: sì è vero, te lo dico sempre che devi spegnere la luce".
(*Ansa*, 11 luglio 2001, ore 22.02)

Mamma Rosa

La signora Rosa, mamma del Cavaliere, racconta il figlio: *"Anche il giorno delle mie nozze d'oro ha trovato il modo di far divertire tutti. Eravamo ad Arcore io e mio marito con tutti i figli e tutti i nipoti, io ho fatto il discorso e alla fine i miei nipoti mi hanno chiesto: ma quanto tempo siete stati fidanzati tu e il nonno? Otto anni, ho risposto. E loro: ma come sei arrivata al matrimonio? Io: a quei tempi era un obbligo andare all'altare pura. A quel punto salta su Silvio: '**Adesso capisco**', dice ridendo, '**perché sono riuscito così bene; dopo otto anni di attesa**'".*
(*La Repubblica*, 2 agosto 1995)

"Non capisco perché mi fotografate tanto: sono solo una mamma".
(*Ansa*, 31 marzo 2000)

"Gliel'ho detto fin dall'inizio che non valeva la pena entrare in politica, gli ho detto 'chi te lo fa fare, che bisogno c'è di fare il politicante?'... ".
(Idem)

"Vedo che gli fanno cattiverie in continuazione e a volte vedendo la Tv mi viene voglia di romperla".
(Idem)

"Ma io ritengo che sarebbe meglio se lui si ritirasse e pensasse di

più alla salute, alla famiglia, alla sua vita".
(Idem)

*"Si preoccupa per gli altri e si dà da fare per loro, non ha mai
tempo per sé, mi fa tanta pena...".*
(Idem)

Silvio su mamma Rosa:
**"Tuttora, ogni volta che sono ospite della mia mamma
lei spinge affinché prenda una prima, una seconda e
una terza volta nel piatto, perché devo stare in carne e
in salute".**
(*Ansa*, 28 marzo 2002)

**"Mia madre mi dice a volte: 'È una grossa condanna la
tua, niente ti riesce facile'. E io rispondo: 'Mamma, sangue, sudore e lacrime. È l'unica ricetta che conosco e
quindi continuo a praticarla. Fin quando reggo, reggo'".**
(*Europeo*, 23 giugno 1989)

I figli

Lei ha molte ville in Sardegna?
"Ma ho cinque figli: devo pur pensare al loro futuro".
(*Corriere della Sera*, 3 marzo 1995)

Per accontentare tutti:
**"È come la storia delle mie sette ville in Sardegna. Che
intanto sono quattro, una quinta la sto puntando ma non
so se la comprerò... Cinque perché ho cinque figli, no?
Ho pensato: gli lascio un appartamento a Milano e una
villa in Sardegna. Se poi non vorranno andarci...".**
(*Corriere della Sera*, 2 febbraio 1995)

**"Il mio bambino più piccolo ha sette mesi e va pazzo per
certi giochi che gli ho inventato. Oggi, arrivando a casa
lo troverò ad aspettarmi e gli griderò da lontano: 'Arri-
vooo!' Allargando le braccia e facendo il rombo di un
aeroplano. Insomma, sono un papà che c'è poco, ma**

che quando c'è fa un gran casino".
(*L'Espresso*, 4 giugno 1989)

Il fratello Paolo

"**È un ragazzo low profile per natura. Io cerco di spingerlo a diventare un po' meno low, anche perché poi uno bisogna che cambi, no?**".
(*Europeo*, 8 settembre 1984)

"**Quando attaccano mio fratello io soffro molto di più di quando attaccano me. Per me la famiglia è un vincolo molto serio, molto stretto**".
(*La Stampa*, 12 febbraio 1994)

Le zie

In soccorso della zia:
"**Poveretta, si era chiusa fuori casa**".
(*La Repubblica*, 27 marzo 1995)

"**Sì, zia, lo so che tutti mi vogliono bene. No, zia, sta tranquilla, non c'è nessuno che mi vuole male**".
(*Corriere della Sera*, 30 aprile 1994)

"**Zietta, non piangere, me la cavo**".
(Idem)

Zia Silvana:
"*Dimmi la verità, Silvio, ti sei pentito di quello che hai fatto?*".
Silvio:
"**Zia no, te lo dissi anni fa. Ho come una fiamma nel petto che mi suggerisce di fare qualcosa per il Paese**".
(*La Stampa*, 14 agosto 1994)

L'Unto del Signore

**"Il Polo, tutto insieme, in una grande Arca dei modera-
ti... ed è chiaro che io voglio fare Noè".**
(*La Repubblica*, 26 luglio 1995)

Voce dalla platea:
"Silvio illuminaci!".

Risposta:
"Al massimo posso accendere la luce elettrica".
(*La Stampa*, 26 novembre 1994)

La famosa frase di Berlusconi che si sente investito dalla divi-
nità viene pronunciata davanti alla platea dell'UDC, a Roma:
**"Sarebbe veramente grave che qualcuno che è stato scel-
to dalla gente, l'Unto del Signore, perché c'è qualcosa di
divino dall'essere scelto dalla gente, possa pensare di tra-
dire il mandato dei cittadini".**
(*Ansa*, 25 novembre 1994, ore 16.02)

Proverbio:
**"Il Papa e il contadino ne sanno più del Papa da solo...
Ecco, ora diranno che mi paragono al Papa, dopo aver
detto che sono il migliore del mondo. Ma voi sapete che
non l'ho mai detto, né mi sono mai paragonato al Papa
o all'Unto del Signore. Continuano a scriverlo ma io non
l'ho mai detto".**
(*Ansa*, 20 marzo 2001, ore 15.31)

Uomo di status:

"Quando si assume un ruolo come questo la vita cambia. I cattolici la chiamano Grazia dello Status. È una cosa che ti fa diventare una persona diversa senza che tu te ne accorga... sì, mi sento diverso, anche se stanotte ho dormito nello stesso pigiama".

(*La Stampa*, 30 aprile 1994)

Nel dicembre del 1986 Silvio Berlusconi è da poco diventato presidente del Milan. A Roma incontra Papa Giovanni Paolo II e pronuncia al cospetto di Wojtyla, in un breve discorso a braccio, alcune frasi destinate a diventare famose per l'ardito paragone. Così le riportano anni dopo *La Stampa*, il *Corriere della Sera* e *La Repubblica*:

"Santità, lei sì che è un comunicatore. Il più grande comunicatore che io conosca: ogni suo viaggio per il mondo è un bellissimo gol".

(*La Stampa*, 7 gennaio 1994)

"Santità, l'ammiro molto perché Lei porta in giro per il mondo, cioè in trasferta, un'idea vincente, l'idea di Dio".

(*Corriere della Sera*, 22 maggio 1994)

"Un uomo straordinario, ogni suo viaggio è come un gol. Ha la stessa idea vincente del mio Milan, che è poi l'idea di Dio, la vittoria del bene sul male".

(*La Repubblica*, 29 aprile 1994)

Ancora sul Papa, dico e non dico:

"... da persone che fanno parte di tutto ciò che in termini molto generali si chiama Vaticano, si guarda con apprezzamento alla nostra azione".

(*La Repubblica*, 10 marzo 1995)

Anche il Papa la pensa come me:

"Sono un inguaribile ottimista e sono certo che i conti pubblici miglioreranno. Ho letto che anche il Sommo Pontefice ha detto che non ha mai visto combinare niente di buono a chi non fosse ottimista".

(*Ansa*, 23 novembre 2002, ore 19.38)

Saranno stati gli studi dai salesiani, fatto sta che Berlusconi, appena può, infarcisce le due dichiarazioni a braccio con riferimenti biblici, parabole, citazioni dai Vangeli. E ogni tanto, oltretevere, qualcuno lo bacchetta, riportandolo ad una più prosaica realtà:
"Mi guadagno un posto in Paradiso con la molta pazienza di cui ho ogni giorno bisogno".
(*Ansa*, 14 novembre 1994, ore 15.16)

"La politica mi è entrata nel sangue. Voglio dare alla mia avventura umana un significato più alto, che va al di là della, seppur bellissima, vicenda imprenditoriale. Fare l'imprenditore non mi basta più".
(*La Stampa*, 18 dicembre 1995)

La croce:
"Hanno messo una croce sulla scheda, ma l'hanno messa anche addosso a me ed io me la sento addosso".
(*Ansa*, 22 maggio 2001, ore 13.11)

"Ormai sono diventato quasi un Santo".
(*La Repubblica*, 6 dicembre 2002)

Chi tradisce gli elettori alleandosi con partiti dell'opposizione **"è un traditore"** e per questo **"lo chiamerò Giuda".**
(*Ansa*, 23 novembre 1994, ore 20.24)

Il miliardario e il Buon Samaritano:
"Se non avesse avuto mezzi, mezzi suoi onestamente guadagnati per alloggiare e curare il ferito trovato lungo la strada, nessuno oggi si ricorderebbe di lui".
(*La Stampa*, 7 gennaio 1994)

Comizio a Genova, davanti a 700 persone:
"Il momento è grave e noi dobbiamo diventare apostoli".
(*La Repubblica*, 9 aprile 1995)

Poi spiega:
"Visto che ho detto che siete apostoli, spiegheremo il

Vangelo di Forza Italia, il Vangelo secondo Silvio".
(Idem)

Commento del cardinale Ersilio Tonini:
"Un po' di moderazione nell'uso del Vangelo e delle parole bibliche non farebbe male... La passione politica a volte può far strapensare e straparlare. Lasciamolo fuori dalle lotte politiche. Il Vangelo è una cosa seria, è la Buona novella che Gesù porta a tutti. Non a una sola parte. Ricordiamocelo!".
(*La Repubblica,* 9 aprile 1995)

Comizio a Milano, rivolto ai militanti di Forza Italia, i seniores, che presidieranno i seggi per evitare i sempre temuti brogli:
"Vi chiedo di essere apostoli del verbo, anche se so già che domani ci sarà chi dirà che Berlusconi si crede Gesù".
(*Ansa,* 27 gennaio 2002, ore 16.57)

Medium:
"L'altro giorno nella cappella di Arcore ho visto mia madre in colloquio diretto con Lui, mio padre e le mie zie che sono dall'altra parte. Con accenti accorati li rimproverava di non fare abbastanza per aiutarmi... Come potrei quindi non credere a ciò che è al di là di noi e del percettibile? Anche questo mi conforta, oltre alle moltissime testimonianze di apprezzamento e di incitamento che ricevo, e che mi fanno sentire responsabile del destino di molta gente".
(*La Repubblica,* 30 aprile 1995)

Più tardi scherza sulle frasi pronunciate in mattinata:
"L'ho fatto apposta affinché voi di *Repubblica* possiate darmi del visionario. Scherzi a parte, lo sapete che io sono credente e praticante. E che ho un buon rapporto con Dio: non so, però, lui con me...".
(Idem)

Berlusconi racconta a Fini di quando sorprese al cimitero mamma Rosa che parlava con il marito morto:

"Hai visto - gli diceva - cosa stanno facendo a tuo figlio? E tu non fai niente? Muoviti!".
(*Ansa*, 16 aprile 1998, ore 22.33)

Irene Pivetti chiede al suo angelo custode di proteggere tutti i deputati, lei cosa chiede al suo?
"L'idea dell'angelo custode suscita la sua ironia, forse le sembra una cosa fanciullesca... e io sorrido con qualche amarezza per il disprezzo così poco laico per questa elementare dimensione della fede, per questo amore che noi cattolici portiamo agli agenti della divina provvidenza".
(*Corriere della Sera*, 5 maggio 1995)

Aldo Brancher, collaboratore Fininvest, è agli arresti a San Vittore, cella del sesto raggio. In quei giorni una Mercedes 600 metallizzata passa lenta sotto i viali del carcere. Seduti, dietro l'autista, Silvio Berlusconi e Fedele Confalonieri. Che fanno? Spiega il primo:
"Volevamo metterci in comunicazione spirituale con Brancher. Volevamo che lui non si sentisse abbandonato".
(*La Stampa*, 9 marzo 1994)

"Guardi che lassù io sono ben protetto: ho cinque zie che pregano per me".
(*La Stampa*, 7 gennaio 1994)

Vocazione al sacrificio:
"Ciascun uomo, per quel che lo riguarda, deve tendere, ogni giorno, in ogni occasione, a far quanto è possibile per migliorare l'esistente. Magari pagando di persona".
(*La Stampa*, 26 febbraio 1994)

"Ho detto molte volte, e le mie parole sono state accolte da sorrisi e da rimproveri di essere leggero, di un nuovo possibile miracolo italiano. Bene, io non so se sono leggero, io vi posso assicurare che ci credo davvero, che io credo profondamente con tutto il mio essere, e che per quanto mi concerne io non mi muoverò da qui se non dopo il miracolo".
(*Corriere della Sera*, 10 luglio 1994)

Alzati e cammina:
"Credo di riuscire a dare la carica agli altri. Se arrivano da me smontati e depressi devono riprendere il mare con le batterie cariche, pronti a fare scintille".
(*Corriere della Sera*, 28 marzo 1994)

Produrre film religiosi per il Vaticano?
"L'idea mi piace, vorrà dire che andremo tutti in Paradiso".
(*Il Mondo*, 6 marzo 1989)

Buttiglione e la Madonna:
"Buttiglione dice che devo pregare la Madonna? Lo ringrazio del consiglio, ma chi ha più bisogno di essere illuminato in questo momento è lui. Perché se sbaglia questa volta non avrà più nemmeno un santo a cui votarsi".
(*La Repubblica*, 12 gennaio 1995)

Alla Confartigianato, davanti ai "capitani coraggiosi" dell'imprenditoria italiana:
"Sto visitando le varie organizzazioni quasi pastoralmente…".
(*Ansa*, 21 marzo 2001, ore 18.34)

Berlusconi visita la Brianza colpita da maltempo e trombe d'aria:
"Nella sfortuna una mano ha protetto la popolazione: quando sono arrivato, poco dopo il disastro, non ho avuto il coraggio di chiedere se c'erano stati dei morti. Il Signore era un po' distratto, ma la Madonna aveva gli occhi puntati".
(*Ansa*, 31 luglio 2001, ore 20.01)

Parlando con un sacerdote:
"Da sempre, ai direttori delle mie reti televisive ho dettato una regola ben precisa: non trasmettiamo nulla che un buon padre di famiglia provi imbarazzo a guardare con la moglie e i figli".
(*La Stampa*, 7 gennaio 1994)

Bermude:
"No, in vacanza non mi sono riposato. Ho riscritto il

programma di Forza Italia e ho studiato certe carte. Ho fatto il mio dovere. Ora mi sento felice come un bimbo e andrò a fare gli esercizi spirituali alle Bermude".
(*La Stampa*, 20 agosto 1995)

La Cappella di Arcore:
"C'è un'attenzione anche nei giovani che a me pare davvero positiva. Io vedo gli amici dei miei figli, vedo che quando faccio la messa ad Arcore si riempie la chiesa di giovani. I miei figli che prima dovevo andare a chiamare partecipano tutti, mia figlia legge il Vangelo, mio figlio fa la comunione".
(*La Stampa*, 30 aprile 1994)

I dieci comandamenti di Silvio

1) Nascere durante la guerra.
2) Crescere nella ricostruzione.
3) Diventare adulti in un clima che comunque assomigli ad una democrazia.
4) Avere una giusta vena di follia.
5) Credere più nelle persone che nello Stato.
6) Credere più in se stessi che nelle persone.
7) Imboccare a gran velocità le strade sconsigliate dai più.
8) Avere molti interessi.
9) Costruire, produrre, emettere, trasmettere.
10) Se possibile (non è indispensabile, ma aiuta molto) chiamarsi Silvio Berlusconi.
(*Il Messaggero*, 23 dicembre 1982)

Ultime parole famose

Vi assicuro, non scendo in campo...

Verso l'estate del 1993 il tam tam italiano inizia a trasmettere un messaggio insistente: Silvio Berlusconi, Sua Emittenza in persona, si butta in politica e fonda un partito. La notizia, ricamata e arzigogolata, si fa largo nelle cronache politiche, e lui comincia a negare. Un partito di Berlusconi, possibile?

"Non esageriamo, non abbiamo nessuna intenzione di fondare un nuovo partito politico. Niente di tutto questo. Ci sono state semplicemente cinque o sei cene private, a casa di amici, senza alcuna regia, nelle quali in modo molto naturale e informale ci siamo detti che anche noi avremmo dovuto fare attenzione a quello che sta succedendo nel Paese".
(*La Repubblica*, 28 luglio 1993)

"È un partito che non c'è. Ma voi credete ancora a quello che scrive *Repubblica?* Non è possibile per un comunicatore darsi alla politica in questo modo, le due cose non stanno insieme".
(*La Repubblica*, 14 settembre 1993)

Dunque c'è un conflitto. Più in là spiega gli altri motivi per cui non può fondare un partito:
"Ci vorrebbe troppo tempo per metterlo in piedi ed avere

successo, soprattutto con questo sistema che premia chi prende più voti. La Lega di Bossi ci ha messo otto anni ad organizzarsi. Io sono per le cose concrete".
(*La Repubblica*, 27 ottobre 1993)

Eppure:
"Sarebbe una scelta eroica quella di passare dalla responsabilità di un gruppo imprenditoriale a quella di una situazione politica. Sarebbe un passaggio traumatico, ma non posso lasciare andare il Paese in questo modo".
(*La Repubblica*, 24 novembre 1993)

Anche se:
"Mi trovo in mezzo a tante difficoltà che non arrivo a comprendere appieno".
(*La Stampa*, 30 dicembre 1993)

E nemmeno Di Pietro lo farà...

Convinto di saperla giusta, il Cavaliere, due anni dopo, profetizza con assoluta sicurezza che Tonino Di Pietro non scenderà mai in campo:
"Molti lo danno già alleato con l'Ulivo. Io non correrei troppo. Anzi, se dovessi fare un pronostico o accettare una scommessa, ci andrei molto cauto, perché io credo che sia poco probabile che Di Pietro entri in politica".
(*La Repubblica*, 6 novembre 1995)

Tra pochissimo il nuovo ministro degli esteri...

Nel gennaio 2002 Renato Ruggiero si dimette da ministro degli esteri del governo Berlusconi. Il Cavaliere assume l'interim. Il 10 luglio, al *Costanzo Show*, assicura che il nuovo ministro sarà nominato
"ai primi di agosto".
(*Agi*, 10 luglio 2002, ore 18.56)

"Dopo il 24 luglio, e senz'altro prima delle vacanze esti-

ve, il Governo avrà un nuovo ministro degli esteri".
(*Ansa*, 15 luglio 2002, ore 21.54)

Il Presidente Ciampi scalpita, ma Silvio non si è ancora deciso al passo indietro e durante una cerimonia gli dice che non ha ancora individuato una **"nomina di prestigio"**, che è **"molto lieto"** di continuare a sommare le due cariche, di lavorare alla Farnesina **"con passione e entusiasmo"**. Tutto questo... **"nonostante i tuoi continui inviti alla individuazione di un nuovo ministro degli esteri".**
(*Ansa*, 25 luglio 2002, ore 21.17)

Passa l'estate, arriva settembre e Berlusconi annuncia che il nuovo ministro ci sarà
"tra qualche settimana".
(*Ansa*, 18 settembre 2002, ore 21.27)

Dopo qualche giorno assicura che non sarà entro ottobre, ma
"forse anche prima".
(*Agi*, 21 settembre 2002, ore 19.12)

E finalmente, il 15 novembre 2002, Franco Frattini sarà il nuovo responsabile della Farnesina.

"Credo di consegnare a Frattini un campo arato in modo giusto, che saprà dare ottimi frutti".
(*Ansa*, 14 novembre 2002, ore 14.33)

"Avete constatato che l'ho acculturato a dovere...".
(*Ansa*, 21 novembre 2002, ore 17.52)

Tranquilli, i conti sono a posto, l'economia vola...

"Il naturale ottimismo di chi vi parla ha finalmente dalla sua il conforto delle cifre".
(*La Stampa*, 11 settembre 1994)

"La nostra economia ha spazio di incremento: si sta

lavorando, il sistema funziona. Io sono ottimista: e le ricordo che ho sempre avuto ragione".
(*La Stampa*, 4 gennaio 1995)

Lo sceriffo di Nottingham...
"Chi dice che voglio togliere ai poveri per dare ai ricchi, chi mi paragona allo sceriffo di Nottingham mente... Nel nostro programma, il primo punto è dedicato ai poveri. Li esenteremo dall'imposta sul reddito".
(*La Stampa*, 5 marzo 1994)

Nel 2002 l'economia è in crisi, a un passo dalla recessione, tutti gli indici vanno giù, rendendo fosche le previsioni per gli anni a venire e tingendo di rosso i conti pubblici di molti paesi, cominciando ovviamente dall'Italia. Berlusconi combatte menando fendenti di ottimismo.

Gennaio:
"Secondo i nostri dati la ripresa è già cominciata. Dobbiamo sostenerla, è quello che stiamo facendo".
(*Ansa*, 15 gennaio 2002, ore 18.02)

Marzo:
"Guardiamo con ottimismo alla ripresa dell'economia di cui avvertiamo sia in Italia che in Germania chiari sintomi".
(*Ansa*, 8 marzo 2002, ore 15.15)

Aprile:
"In Italia c'è fiducia in una economia che si sta riprendendo".
(*Ansa*, 11 aprile 2002, ore 21.10)

Maggio:
Lo stato dell'economia? **"Non c'è da preoccuparsi".**
La promozione dell'agenzia di rating Moody's? **"Era nell'aria".**
Il PIL rallenta? **"L'economia è già in ripresa".**
Il patto di stabilità? **"Numeri immodificabili".**
Manovra correttiva? **"La escludo".**
(*Ansa*, 15 maggio 2002, ore 19.07)

A conforto di queste dichiarazioni? Un sondaggio 'volante'

fatto in occasione di un incontro con gli imprenditori veneti:
"Tutti, ripeto tutti, nessuno escluso, ed erano un centinaio, mi hanno risposto che le cose vanno bene e che non c'è da preoccuparsi. Ho avuto modo di parlarne anche con il presidente di Confindustria e con gli artigiani".
(Idem)

Il centrosinistra dà una valutazione diversa?
"Basta rovesciare le loro dichiarazioni e così si ha la verità".
(Idem)

Giugno:
Quest'anno il PIL sarà al 2,3 per cento,
"magari qualcosa di meno", aggiunge prudente.
(*Ansa*, 7 giugno 2002, ore 19.21)

Nella seconda metà dell'anno ci potrà essere quel processo di crescita
"che da molti segni si può oggi cogliere".
(*Ansa*, 26 giugno 2002, ore 17.56)

Quindi niente
"visione pessimistica, anzi".
(*Ansa*, 26 giugno 2002, ore 17.56)

Dirò di più: l'aspettativa di tutti i paesi del G8 è per
"una forte ripresa in autunno", mentre alla riunione del G8 si è respirata un'atmosfera di **"ottimismo".**
(*Ansa*, 26 giugno 2002, ore 22.35)

Settembre:
"Oggi si stanno manifestando segni di ripresa".
(*Ansa*, 30 settembre, ore 18.06)

Parola d'ordine?
"Spargere ottimismo".
(Idem)

Dicembre:
"La ripresa non è lontana. Dopo una crisi quasi sempre

c'è un rimbalzo che porta a una situazione economica migliore di quella precedente".
(*Ansa*, 21 dicembre 2001, ore 13.19)

"**La ripresa? Io sono convinto che ci sarà, perché ci sono dei cicli e poi si riprende. Bisogna farsi trovare pronti a fare entrare nel Paese il vento della ripresa**".
(*Ansa*, 27 dicembre 2002, ore 15.14)

Ogni tanto anche in lui il dubbio si fa strada:
"**Siamo stati sfortunati, abbiamo avuto un grande numero di criticità... gli attentati dell'11 settembre e la crisi delle borse con tutto quello che hanno comportato, l'introduzione dell'euro, le crisi in Sudamerica, che ci hanno mangiato un punto di PIL**".
(*Ansa*, 23 agosto 2002, ore 17.51)

Il debito pubblico pesa? Non c'è problema:
"**Non diciamo storie sul fatto che sia una cosa grave, è risibile, cioè una cosa di cui non preoccuparsi**".
(*Ansa*, 23 settembre 2002, ore 21.26)

Naturalmente:
"**Il governo non ha mai peccato di ottimismo e le nostre previsioni sono sempre state in linea con quelle del FMI**".
(*Ansa*, 25 settembre 2002, ore 20.25)

Già che c'è, Berlusconi sgombra il campo da ipotesi perdoniste:
"**Mai parlato di condono fiscale**".
(*Radiocor*, 20 giugno 2002, ore 16.33)

Il condono fiscale sarà un cardine della finanziaria per il 2003. Il PIL a fine 2002 si attesterà allo 0,4 per cento, uno dei più bassi degli ultimi cinquant'anni.

La girandola del decreto

Nell'estate 1994 impazza la tempesta del decreto Bion-

di, ribattezzato dall'opposizione e dai magistrati il "colpo di spugna" per i reati di Tangentopoli. Berlusconi stavolta deve fare lo slalom speciale tra paletti strettissimi. **"Il decreto è stato approvato all'unanimità, non vedo necessità di cambiamenti".**
(*La Repubblica,* 16 luglio 1994)

"Ma credo che si possa modificare, forse che si debba modificare, questo decreto. Non c'è nulla di immodificabile".
(*La Repubblica,* 19 luglio 1994)

Il decreto verrà poi ritirato.

In origine su Tangentopoli Berlusconi diceva:
"Gratitudine ai magistrati. Nessun colpo di spugna".
(*La Repubblica,* 22 febbraio 1994)

Dopo qualche anno quella gratitudine si trasformerà in un'accusa di colpo di stato:
"Una intera classe dirigente, quella di origine democratica e occidentale, è stata spazzata via da una parte della magistratura. È stata utilizzata illegittimamente la giustizia a fini di lotta politica".
(*Ansa,* 31 ottobre 2001, ore 17.29)

Perché l'obiettivo era:
"il rovesciamento dei rapporti di forza che hanno retto la politica italiana dal '48 ai primi anni '90".
(Idem)

Vincere, e vinceremo...

Nell'autunno del 1995 si capisce che la parentesi del governo Dini sta per chiudersi e che per l'anno successivo (in cui trionferà l'Ulivo di Prodi) si andrà al voto. Berlusconi non ha dubbi:
"Ma una cosa è certa: le prossime elezioni, qualunque sia il momento che sarà deciso, le vinceremo noi. Verranno

fissate quando saranno certi che vincano le sinistre, ma vinceremo noi".
(*La Repubblica*, 3 settembre 1995)

"Vinceremo, ne sono sicuro".
(*La Repubblica*, 23 ottobre 1995)

Vendere tutto

Il conflitto d'interessi? Non si può essere premier e titolare di tre Tv? Il problema, nella primavera del 1994, quando Berlusconi sta formando il suo primo governo, si trascina per mesi in una girandola di dichiarazioni e di ipotesi. Non ne verrà fuori nulla. Dapprima Berlusconi dice che la miglior garanzia è la sua persona. Poi vagheggia ipotesi di vendita ma rimane sempre sulle generali.

Vendere, e venderemo...
"Arrivare nudo a Palazzo Chigi? L'idea confligge con il mio pudore".
(*La Stampa*, 11 aprile 1994)

Comunque si rende conto che il problema esiste, soprattutto sulla scena internazionale. Nell'estate del 1994, da Presidente del Consiglio, in un'intervista al tedesco *Der Spiegel* confessa:
"Certo sarebbe molto più semplice se fossi povero e se i miei interessi si rivolgessero solo alla politica. Non ho alcuna soluzione".
(*Ansa*, 8 agosto 1994, ore 13.16)

Una via sarebbe vendere, certo,
"ma, primo, al momento non vedo alcun acquirente, perché si tratta di un gruppo gigantesco e, secondo, non sono stato eletto per quattro anni come il presidente americano. Potrei essere rovesciato domani in Parlamento. Cosa mi resterebbe, dopo?".
(Idem)

Dopo qualche mese però il nodo viene finalmente sciolto. A Napoli, durante una conferenza stampa:
"Venderò la Fininvest. Sto decidendo e per molti versi ho già deciso di vendere quello che ho costruito in quarant'anni di lavoro. Non sarà facile trovare un compratore. Andrò in Borsa con la televisione e terrò una quota, ma non sarà di maggioranza".
(*Corriere della Sera*, 24 novembre 1994)

Cade il governo, Berlusconi si tiene le sue Tv, ma continua a promettere:
"Sono pronto a cedere la maggioranza dell'azienda, si potrà realizzare in poco tempo purché non siano artatamente creati nuovi ostacoli".
(*La Repubblica*, 13 giugno 1995)

Più avanti si lamenterà che non l'hanno lasciato vendere:
"Da novembre voglio cedere le Tv, ma non posso farlo a causa del quadro normativo. Con i referendum e la commissione parlamentare in campo è impossibile per me trovare acquirenti. Cambino il quadro normativo e io venderò".
(*La Repubblica*, 10 maggio 1995)

Poi cercherà di aggirare l'ostacolo:
"Avete visto, con il collocamento di Mediaset ho anche risolto la questione del conflitto d'interessi".
(*La Repubblica*, 5 luglio 1996)

Alla fine troverà pace, accorgendosi finalmente che il problema non c'è:
"Chi parla in questo momento di televisioni e di conflitto d'interessi, buttandomi addosso una colpa, come se la mia azione politica fosse condizionata dalla televisione e dal conflitto d'interessi, lo dico chiaramente, è un mascalzone, che io, naturalmente, non rispetto".
(*Ansa*, 22 luglio 1997)

Anzi il problema è opposto, e siccome è opposto, Berlusconi

usa il termine opposizione ben tre volte:

"Sarebbe necessaria invece una legge a difesa delle aziende di chi sta all'opposizione, perché la maggioranza può usare i suoi poteri per condizionare con minacce chiare o velate l'attività di opposizione di chi sta all'opposizione".

(*Ansa*, 19 settembre 1997, ore 17.42)

Visioni politiche

Estate 1994, il Cavaliere è sulla plancia di Palazzo Chigi e garantisce:

"Credo fermamente nel miracolo italiano e da qui, dal Governo, non me ne andrò prima che si compia il miracolo".

(*La Repubblica*, 10 luglio 1994)

Il suo governo non arriverà a fine anno. E lì ha un piccolo cedimento:

"Mah. Non so se ho più voglia di tornarci, a Palazzo Chigi. Troppo pesante, troppo faticoso. Ho lavorato come un pazzo, in questi sette mesi. Il risultato? Mi sento dire che non ho fatto niente".

(*La Repubblica*, 15 novembre 1995)

Ma è solo uno sfogo. Immediatamente riprende ad assestare vigorose pennellate rosa al futuro:

"Noi andiamo benissimo, il Polo è al 54 per cento. Senza contare che spero nell'accordo con i Popolari, che adesso sono al 7 per cento ma che se si alleassero con noi potrebbero raddoppiare i loro parlamentari. Quel traditore di Bossi, invece, quel cadavere politico al quale voi giornalisti date tanto spazio solo perché attacca me, insieme a Maroni è riuscito a distruggere la Lega: l'ha portata al 2 per cento. Alle elezioni otterranno 8 deputati".

(*La Repubblica*, 15 gennaio 1995)

Alle elezioni politiche del 1996, la Lega otterrà il 10,07

per cento e 59 deputati.

Se vince l'Ulivo si rivota? Ci porteranno nell'Euro?

Si avvicinano le elezioni politiche...
"Se il 21 aprile vince l'Ulivo, siamo sicuri che avremo ancora la possibilità di elezioni veramente libere?".
(*La Repubblica*, 14 aprile 1996)

L'Ulivo vince le elezioni...
"La linea economica di questo governo non realizza gli obiettivi di risanamento imposti da Maastricht e non affronta il problema dello sviluppo e, quindi, della disoccupazione. Il risultato sarà un periodo di recessione e l'esclusione dell'Italia dal sistema della moneta unica".
(*La Repubblica*, 11 settembre 1996)

Passa qualche mese e il Cavaliere ribadisce:
L'Europa? Con il governo Prodi
"a meno di una contabilità creativa, è difficile che ci si possa entrare e che ci si possa restare".
(*Corriere della Sera*, 28 gennaio 1997)

E ancora:
"Questo governo non ci porta in Europa".
(*Corriere della Sera*, 3 maggio 1997)

Se perdo, mi ritiro...

Si avvicinano le agognate elezioni del 1996. Berlusconi garantisce:
"Se perdo mi ritiro, all'opposizione sono un pesce fuor d'acqua. Io sono uno che fa il costruttore... all'opposizione mi sento un pesce fuor d'acqua... finirei per lasciare la politica".
(*Corriere della Sera*, 17 febbraio 1995)

Un filino di dubbio c'è, ma qualche mese dopo viene

spazzato via. Al *Costanzo Show*, parlando dell'on. Dotti e della necessità che ad un certo punto uno debba rimanersene a casa, dichiara:

"Come io farò sicuramente se non sarò messo, dal voto dei cittadini, in condizione di poter lavorare per il mio paese e di poter incidere profondamente su tutto ciò che si deve cambiare".

(*Ansa*, 18 marzo 1996, ore 18.18)

Prodi? Mi fate un favore

Romano Prodi è ormai stato scelto come l'anti-Berlusconi. Il Cavaliere se la ride:

"Be', mi lasci dire: contenti loro, contentissimi anche noi. Non capita tutti i giorni la fortuna di avere un avversario come Prodi".

(*Corriere della Sera*, 10 ottobre 1995)

Prodi vince, governa, poi cade, e se ne parla come candidato alla presidenza della commissione UE. Berlusconi:

"Non ha nessuna possibilità di successo come aspirante presidente dell'Unione Europea".

(*La Repubblica*, 27 ottobre1998)

Firenze, povera Firenze

Nel pieno delle sue responsabilità di Presidente del Consiglio, di guida politica per oltre 56 milioni di persone, Berlusconi tentenna davanti al dilemma se autorizzare o no il convegno europeo dei no-global a Firenze. L'incertezza non gli impedisce però di sballare l'ennesima previsione:

"L'esecutivo verrebbe criticato ove vietasse la manifestazione e sarà criticato ove ci fossero devastazioni che certamente verranno".

(*Ansa*, 29 ottobre 2002, ore 20.49)

A Firenze non accadrà nulla.

La saga degli albanesi

Nel marzo 1997, in seguito alla decisione di bloccare i gommoni albanesi con le unità della marina, una nave militare italiana sperona un battello di clandestini albanesi, provocando decine di morti. Berlusconi, capo dell'opposizione, si precipita a Brindisi, incontra i superstiti, piange. **"Vi chiedo scusa"**, dice ai cronisti asciugandosi il viso.

"Dobbiamo lavare questa macchia, che sarà pure venuta dalla sfortuna, ma che certamente è venuta da una decisione che non si doveva prendere".
(*Ansa*, 30 marzo 1997, ore 18.08)

"È stata veramente una decisione improvvida, azzardata, indegna di un paese civile, di un paese come l'Italia che ha una grande tradizione di solidarietà, di accoglienza, di tolleranza, di generosità. Abbiamo una tradizione cristiana che ci impone di dare soccorso a chi ne ha bisogno".
(*Ansa*, 30 marzo 1997, ore 18.25)

"Non possiamo chiudere le porte, 58 milioni di italiani che stanno bene non possono respingere povere persone che vengono qui per cercare un posto di libertà, per affermarsi, per guardare al futuro delle loro famiglie".
(*Ansa*, 30 marzo 1997, ore 18.37)

Piegato dalla commozione, Berlusconi annuncia che darà **"sistemazione"** a tre famiglie dei profughi albanesi così drammaticamente sbarcati in Italia.
(*Ansa*, 30 marzo 1997, ore 18.54)

"Il tram è passato davanti a noi e non ce lo siamo lasciati scappare", commenta soddisfatto Dritan Shatku, 29 anni, di Durazzo, uno dei beneficiati.
(*Ansa*, 31 marzo 1997, ore 20.03)

"La fortuna ha voluto - racconta ancora - *che Berlusconi si*

sia emozionato sentendo piangere Arian. Gli ha detto: **"Non piangere. Dopo, domani ti porterò dei giochi".** *Mentre da noi ha voluto sapere quale fosse la nostra situazione, se avessimo soldi, cosa volessimo fare".*
(*Ansa,* 31 marzo 1997, ore 20.06)

Le famiglie da sistemare sono tre (un totale di dodici persone, compresi sei bambini), e qualche giorno dopo un'agenzia informa che due delle famiglie sono state sistemate in un ostello della gioventù a Voghera. L'altra è da vedere. Gli albanesi vogliono lavorare in un'azienda agricola del pavese. Comincia un tira e molla. Berlusconi: **"Stiamo cercando, sulla base delle professionalità dei capifamiglia, dove allocarli per un lavoro in attesa che tornino in Albania, cosa che desiderano fare".**
(*Ansa,* 3 aprile 1997, ore 19.03)

"Noi vogliamo restare qui. Fatelo per i nostri figli, non rimandateci nell'inferno", implorano qualche mese dopo le due famiglie (i Fida e gli Shatku), sistemate nel pavese.
(*La Provincia Pavese,* 19 agosto 1997)

L'ultimo rintocco è a novembre. Le due famiglie rientrano in Albania, salvo uno dei due capifamiglia, che all'ultimo si è dileguato.
(*Corriere della Sera,* 21 novembre 1997)

Ultime parole famose, o della 'sfiga'

Nei primi due anni del secondo governo Berlusconi una serie di eventi catastrofici si abbatte sull'Italia. La siccità stringe nella sua morsa l'intera penisola, in particolare il Sud, il maltempo, in qualsiasi stagione, preferibilmente quelle più calde, flagella il territorio, i fiumi straripano e intere coltivazioni vanno a farsi benedire. Trombe d'aria in Brianza, allagamenti a Genova, un terremoto che colpisce il Molise e fa strage di bambini. L'Etna si risveglia rumorosamente e mette a rischio paesi e popolazioni, bloccando l'aeroporto di Catania e frenando l'economia dell'isola, a

Stromboli cede un pezzo di vulcano e costringe gli abitanti all'evacuazione. Insomma, una catastrofe dopo l'altra.

Forte è la tentazione delle "sinistre" di mettere in relazione i capricci della natura con la nuova epopea berlusconiana. In altre parole la tentazione di mettere in giro la voce: Berlusconi porta pure sfiga. Lui ne è consapevole, tanto è vero che prova pure a scherzarci su:
"Speriamo di evitare almeno le valanghe. L'ho già detto ironizzando che ci stiamo preparando a tutto…".
(*Ansa*, 27 dicembre 2002, ore 15.55)

A partire dal giorno dopo e nei quindici giorni successivi, dopo una tregua di alcuni mesi, le valanghe uccideranno una decina di sciatori.

Giravolte

Di Pietro

Nella primavera del 1994 tutte le cronache parlano del magistrato di Mani Pulite come di un possibile candidato ad entrare nel governo Berlusconi. Un incontro tra i due, nello studio di Cesare Previti, a via Cicerone, non porta a nulla. Di ufficiale non c'è nulla, Berlusconi negherà di avergli offerto un ministero. Il 22 febbraio 1994, prima delle elezioni, al *Costanzo Show* chiedono a Berlusconi se Di Pietro potrebbe essere un buon ministro della giustizia. E il Cavaliere:
"Perché no?".
(*Corriere della Sera*, 23 febbraio 1994)

A dicembre Di Pietro lascia la magistratura e Berlusconi:
"Di Pietro è un magistrato che si è conquistato con il suo lavoro il rispetto degli italiani. La sua decisione di lasciare l'ordine giudiziario lascia l'amaro in bocca anche a chi ha considerato discutibile questo o quell'aspetto delle sue inchieste".
(*Ansa*, 6 dicembre 1994, ore 16.31)

C'è una breve pausa di raffreddamento:
"Mi auguro che così come sono infondate le accuse che hanno fatto a me, siano altrettanto infondate le accuse che fanno a lui".
(*Ansa*, 5 giugno 1995, ore 11.14)

Poi arrivano le mazzate del Cavaliere:
"Se certe prove che ho portato ai magistrati fossero state portate verso un qualunque altro cittadino italiano, questo sarebbe già stato privato della libertà".
(*Corriere della Sera*, 5 luglio 1995)

"Sono venuto a conoscenza di enormità, di fatti agghiaccianti, tali da gettare finalmente una luce nuova e smascherare certi personaggi fin qui erroneamente ritenuti eroi senza macchia e senza paura... fatti inconfessabili... di valenza penale".
(*La Repubblica*, 20 dicembre 1996)

L'Ulivo offre un seggio a Di Pietro, e Berlusconi:
"Ritengo che a qualcuno sia andato il cervello in acqua per questa scelta di Di Pietro".
(*Corriere della Sera*, 31 luglio 1997)

Poi Di Pietro viene eletto.
"Di Pietro è stato eletto da D'Alema, come Caligola nominò senatore il suo cavallo. Poi ha costruito una stalla di marmo e una greppia d'avorio per il cavallo. Vediamo ora cosa farà D'Alema con Di Pietro".
(*Corriere della Sera*, 13 novembre 1997)

Un giornalista gli chiede se parteciperà ad una manifestazione referendaria insieme a Di Pietro. E lui:
"Vedo che ha il gusto dell'orrore...".
(*Ansa*, 21 gennaio 1999, ore 15.54)

Bosseide

L'alleanza con Bossi è fatta:

"Auspico che sia anche un matrimonio d'amore. Peraltro ci sono matrimoni d'interesse che riescono anche meglio".
(*Ansa*, 21 febbraio 1994, ore 20.33)

"Ha grandi meriti. Ma è un po' la Vanna Marchi della politica italiana, a volte ha metodi da venditore di Piaget falsi, è rude e paradossale. Ma paradossale non è un insulto".
(*La Repubblica*, 29 aprile 1994)

Nella primavera del 1994 si sta formando il primo governo Berlusconi.
Il Cavaliere assicura:
"La Lega vuole gli Interni, ma io invece mi sono impuntato: e non se ne parla".
(*La Repubblica*, 8 maggio 1994)

Il numero due della Lega, Roberto Maroni, sarà il ministro degli Interni.

Iniziano i primi screzi con la Lega, ma Berlusconi assicura:
"Tra me e Bossi non c'è mai stato alcun litigio".
(*La Repubblica*, 15 agosto 1994)

Il leader leghista però scalpita, minaccia la crisi.
"Non ci credo. La dissociazione di Bossi mi sembra più un fatto emotivo, uno stato d'animo, che un fatto politico".
(*La Repubblica*, 5 novembre 1994)

La rottura è ormai drammatica. Bossi paragona Berlusconi a Peron, il grande politico argentino.
E Berlusconi:
"Bossi si riferisce alla birra Peroni, l'unica che conosce".
(*La Repubblica*, 24 dicembre 1994)

Si consuma il dramma. E giù contumelie e solenni giuramenti.
"Io non mi sederò mai più ad un tavolo dove ci sia il signor Bossi. Non sosterrò mai più un governo che conti su Bossi come sostegno. È una persona totalmente inaffidabile.

Mi meraviglio come anche i mezzi di comunicazione, senza nessun senso critico, diano ospitalità a tutte le sue esternazioni che non hanno né capo né coda".
(*Ansa*, 2 febbraio 1995, ore 17.01)

"Bossi è un vero e proprio incidente di percorso sulla strada della democrazia".
(*Ansa*, 19 gennaio 1995, ore 17.08)

"All'Alberto da Giussano gli modifichiamo lo spadone in rilucenti falce e martello ben rossi; e, sotto, la scritta: 'Vuoi un'Italia di sinistra? Vota Lega Nord'".
(*La Repubblica*, 20 gennaio 1995)

"Il clandestino che ha portato via i voti del Polo ai suoi elettori vive ora una sicura agonia politica, a perenne testimonianza che la slealtà non paga".
(*La Repubblica*, 29 gennaio 1995)

Augurerebbe ancora a D'Alema un alleato come il senatùr?
"Io il male non lo auguro a nessuno".
(*Corriere della Sera*, 25 aprile 1995)

"Bossi è un folle che fa dichiarazioni folli. Sembra che sia normale, invece è completamente folle".
(*Ansa*, 20 luglio 1995, ore 17.45)

"Bossi rappresenta un pericolo reale per l'unità d'Italia, sparge i semi dell'odio etnico".
(*Ansa*, 25 ottobre 1996, ore 14.09)

"Bossi è un capobanda che ha a cuore solo il suo interesse: quello di restare capobanda, non certo il bene del Paese".
(*Ansa*, 20 luglio 1998, ore 19.57)

Quindi risulta evidente che tra i due non ci può essere nessun incontro politico nel futuro. Berlusconi lo ribadisce per anni, insiste che il solo parlarne è

"pura fantasia".
(*Ansa*, 8 marzo 1998, ore 16.21)

Bacchetta anche politologi che lo ipotizzano:
"Galli della Loggia sbaglia analisi, si inventa nostri inesistenti e impossibili accordi con l'onorevole Bossi e non comprende la realtà popolare di Forza Italia e del Polo".
(*Panorama*, 11 settembre 1997)

A metà del 1998 tutto cambia:
"Bossi vuole vedermi? Sono qui. Ragioniamo sulle cose concrete, un'intesa si può trovare. Purché non mi parli di secessione".
(*Corriere della Sera*, 4 marzo 1998)

"È chiaro che non ha frequentato né Oxford né la Sorbona".
(*Ansa*, 11 maggio 2001, ore 15.25)

A Milano, davanti ai suoi fan, qualche anno dopo:
"Benedico il momento in cui ho preso la decisione di unire i nostri due popoli".
(*Ansa*, 3 marzo 2002, ore 20.02)

"Un mio amico, Aldo Brancher, mi disse che anche Bossi aveva voglia di incontrarmi. Mia mamma, che era presente, disse a Brancher: 'Dig al Boss de fa' il brau. Dag un basin e te ghe diset che ghel do' mi'. Come potevamo andare contro la volontà della mamma?".
(Idem)

"Ci siamo trovati subito nel dire che polenta e ossobuchi è un piatto eccezionale".
(Idem)

Il sistema elettorale? Tedesco, francese, maggioritario, proporzionale, presidenzialismo, premierato...

"In Italia le larghe intese purtroppo si fanno solo al Bagaglino...".

(*Corriere della Sera,* 7 marzo 1997)

Non si contano le prese di posizione di Berlusconi sulla legge elettorale e sull'elezione diretta del capo dello stato o del primo ministro. Ne prendiamo alcune.

Neanche comincia, ha già cambiato parere. Succede dopo la vittoria del 1994, quando illustra come si può dare stabilità al governo:
"Migliorando la legge elettorale, eliminando la quota di eletti con la lista proporzionale, passando al turno unico, secco. Ho cambiato idea al riguardo".
(*La Repubblica,* 11 aprile 1994)

"Il principio maggioritario, sia per le elezioni amministrative che per quelle politiche, è la nostra religione".
(*Ansa,* 2 febbraio 1995, ore 15.16)

"A noi l'attuale legge elettorale va bene così com'è, ma siamo anche disponibili a discutere garanzie maggiori per i partiti minori. Per trovare un accordo si potrebbe pensare di aumentare il peso della quota proporzionale, che attualmente è al 25 per cento".
(*Ansa,* 5 giugno 1997, ore 17.00)

Parlando all'ambasciata italiana a Parigi, riferisce l'*Ansa,* Berlusconi si dice convinto che il maggioritario funziona bene in paesi a democrazia avanzata, *"ma non altrettanto bene da noi"*, secondo la ricostruzione ufficiosa.
(*Ansa,* 1 febbraio 1998, ore 12.56)

Passa un po' di tempo e:
"Rimango aderente alla mia opinione espressa da tempo, quella cioè di una preferenza per il sistema del cancellierato tedesco, con l'elezione diretta del Presidente del Consiglio e, addirittura, l'ipotesi di aggiungere un ulteriore premio di maggioranza".
(*Ansa,* 26 aprile 2000, ore 17.28)

"Confermo esplicitamente, ancora una volta, che la Ca-

sa delle Libertà non ha mai cambiato posizione sulla legge elettorale".
(*Ansa*, 15 settembre 2000, ore 19.13)

"Se voi leggete il mio discorso alla Camera del 1994, troverete che non ho cambiato nulla. Abbiamo soltanto un piccolo... (dubbio) tra presidenzialismo e premierato... Personalmente sono a favore del presidenzialismo pur con tutta l'apertura ad ascoltare". Anche "alla francese" dove "il presidente presiede l'esecutivo ma nomina anche il primo ministro, che fa l'ordinaria amministrazione; il presidente si dedica alla politica estera e interviene poi quando crede, presiedendo il Consiglio dei Ministri. Egli può sciogliere le Camere e può nominare e dimissionare i ministri".
(*Agi*, 6 dicembre 2002, ore 17.11)

Insomma, per le riforme ci vuole tempo:
"Non siamo Mandrake".
(*Ansa*, 23 maggio 2002, ore 13.39)

La Corte Costituzionale? È di sinistra

Auditorium del Lingotto di Torino, Berlusconi parla al suo pubblico in delirio e accusa pesantemente la Corte Costituzionale:
"Dovrebbe essere arbitro e non lo è, perché ha al suo interno una prevalenza di giudici che si sentono legati alla sinistra politica".
(*Corriere della Sera*, 25 marzo 2001)

I giornali titolano che Berlusconi ha attaccato la suprema corte. Ovvio, come dire ad un arbitro che dirige Inter-Milan di essere milanista.
Ma lui non la vede così. Pochi giorni dopo:
"Non ho mai criticato la Consulta. Ho solo fotografato la situazione che tutti conoscono... e cioè che per i sistemi di nomina, i membri della Consulta nominati dal precedente Presidente della Repubblica, appartengono

ad un settore politico che ha portato ad una composizione che nessuno può negare".
(*Ansa,* 5 aprile 2001, ore 18.21)

Che fusto!

Dopo aver visitato con il professor Meersseman, coordinatore sanitario del Milan, i locali di Milan Lab:
"Hanno fatto una prova anche su di me, sulla mia funzionalità cerebrale e fisica e hanno deciso che sono un miracolo che cammina".
(*Ansa*, 5 ottobre 2002, ore 19.33)

Altezza? Mezza bellezza:
"Mi sono misurato anch'io, sono 1,70 senza tacchi nonostante quello che scrive *L'Unità*. Ai miei tempi ero di media statura, adesso grazie a Forattini sono diventato piccolissimo".
(*Ansa*, 4 maggio 2002, ore 16.18)

Rivolto al calciatore Galderisi:
"Nanu è un soprannome che non mi piace, anche perché siamo alti uguali, comunque più di Maradona".
(*Ansa*, 14 settembre 1986, ore 19.39)

"Zola è il giocatore che più mi è simpatico: quando sono vicino a lui non sfiguro".
(*Ansa*, 6 giugno 1994, ore 21.03)

Denti sani e splendenti:
"Ho risposto ridendo a 36 denti, e poi dal momento che ho i denti di un ventenne, come mi ha detto il dentista, debbo pure sfruttare il sorriso".
(*Agi*, 6 dicembre 2002, ore 17.20)

Dal palco di un comizio, rivolto alla madre:
"Mamma, ho messo la maglietta come mi hai detto di fare".
(*Ansa*, 2 aprile 2000, ore 18.02)

Speranze

"Dai colloqui avuti con esperti ho appreso che una corretta alimentazione può aumentare, udite udite, di alcuni decenni la nostra vita".
(*Ansa*, 28 marzo 2002, ore 13.34)

Montezuma

Al consiglio nazionale di Forza Italia si sente male. Dal palco ai delegati:
"Se interrompo la relazione sappiate che non è perché ho perso il filo".
(*Corriere della Sera*, 21 febbraio 1998)

In serata si spiega:
"M'hanno avvelenato! Il medico mi ha detto che si chiama vendetta di Montezuma, ma io non ho offeso nessuno, né Montezuma, né chi sta facendo una nuova formazione politica".
(Idem)

"Rimpasto? No, non mi occupo di paste alimentari... Poi, dopo l'Arabia Saudita, mangio solo riso in bianco".
(*Ansa*, 5 aprile 2002, ore 10.58)

"Come potete sentire dalla mia voce, sono raffreddato, ma mi sembra di essere ancora vivente, contro certe notizie di ieri in cui mi si dava addirittura per trapassato".
(*Ansa*, 28 settembre 1997, ore 13.44)

Via l'ernietta:
"Mi sono deciso, tre quarti d'ora, un punticino, tutto ri-

solto: l'ho fatto per poter correre meglio".
(*La Repubblica*, 23 maggio 1995)

Ancora la sfiga

Incredibile la sequenza di guai che rovina la crociera elettorale della nave "Azzurra", nella primavera del 2000. Il portavoce Paolo Bonaiuti cade per le scale e si frattura un braccio. A Rimini la nave non riesce ad attraccare per il maltempo. Per una giornata intera Berlusconi rimane a letto con un febbrone a 39. Di notte esplode una tubatura dell'acqua calda proprio accanto alla cabina di Berlusconi. Una gru sbaglia manovra e riduce ad una sottiletta l'automobile di un parlamentare azzurro. Un simpatizzante cade in acqua mentre si sbraccia per salutare la nave ammiraglia. Poi il Cavaliere racconta l'infausta barzelletta sull'AIDS, che gli provoca un mare di guai. Non è finita. A Venezia uno dei motoscafi del seguito viene multato per eccesso di velocità. La sfiga diventa di dominio pubblico, ed a Reggio Calabria sale a bordo l'ex capo dello stato Francesco Cossiga per una lezione sulla malasorte.
Nonostante tutto Berlusconi rimane un sognatore inguaribile, un ottimista di ferro e dice:
"Con i progressi della genetica e con le scoperte di questi giorni si potrà arrivare ai 100 anni e in buona forma".
(*Ansa*, 9 aprile 2000, ore 19.41)

Il malocchio:
"Sì, può darsi... bisognerà trovare l'antidoto... ieri avevo la febbre a 39, oggi a 37,4, è la classica influenza da malocchio...".
(*Ansa*, 2 aprile 2000, ore 18.02)

"Sono qui per miracolo... i signori del malocchio mi hanno fatto prendere l'influenza, ma stiamo dimostrando di essere più forti dell'invidia, anche più forti del malocchio".
(Idem)

Non ci credo ma...
"Non sono superstizioso, però a fare uno scongiuro non ci si perde niente e se capita lo faccio".
(*Ansa*, 3 aprile 2000, ore 20.48)

Intervista a *La Stampa*. La sua leadership è in discussione?
"Tiè".
(*La Stampa*, 18 giugno 1996)

Prego?
"Ah, ah, è un gesto scaramantico".
(Idem)

Che fatica

"Visto come mi ha ridotto la politica? 'Che bel fiol che xeri', come dice la mia mamma".
(*Ansa*, 28 gennaio 2001, ore 15.41)

"Non credevo di dovermi sottoporre a dei ritmi di lavoro così disumani: in sette mesi mi sembra di essere invecchiato di sette anni. E sono ingrassato di sette chili...".
(*La Stampa*, 25 settembre 1995)

"L'è un laura' (è un lavoro, nda) **de la Madona".**
(*Ansa*, 23 maggio 2002, ore 13.39)

"Leggo tutti i documenti. Lo vedete dalle mie occhiaie".
(*Ansa*, 14 marzo 2002, ore 13.46)

Così rispondeva nel lontano 1986 a Pietro Calabrese che gli chiedeva se era vera la leggenda che dormisse tre ore per notte o non dormisse affatto:
"È una storia completamente assurda e non so chi possa averla messa in giro. La verità è che ci sono periodi in cui le circostanze mi costringono a lavorare più del solito, magari fino a notte inoltrata... Dormo cinque-sei ore a notte, e recupero altro sonno appena posso. Dormo in mac-

china, dormo appena metto piede in aereo, naturalmente se non ho riunioni da fare con i miei collaboratori".
(*Il Messaggero*, 20 novembre 1986)

"Dormo tre ore per notte: così non posso andare avanti".
(*La Stampa*, 4 agosto 1994)

Dopo un lieve malore:
"Colpa della dieta dimagrante, e poi ho dormito solo due ore".
(*La Repubblica*, 8 maggio 1999)

Sui suoi presunti problemi di salute:
"Sono un miracolo che cammina. Tutti dicono che sono malatissimo. Invece lavoro e sono ancora qui".
(*La Repubblica*, 7 ottobre 2002)

"Io non ci penso. Sto bene, non penso a cosa farò post mortem".
(*La Repubblica*, 11 giugno 1997)

Beauty case

Prima del faccia a faccia con Giovanni Minoli a *Mixer*:
"Qui sul naso ho un riflesso che non mi piace".
(*La Stampa*, 22 febbraio 1994)

Ancora fard?
"Sì".
(Idem)

Minoli durante il faccia a faccia:
"Dicono che lei sia vanitoso, oggi si è truccato con grande attenzione…".
(Idem)

Berlusconi:
"Anche lei si è aggiustato per bene…".
(Idem)

Minoli:
"Sì, ma ci ho messo un quarto d'ora di meno".
(Idem)

Il look:
"Non sono maniaco dell'immagine, cerco solo di essere professionale".
(*Ansa*, 26 dicembre 2000, ore 15.46)

Le rughe?
"Le risponderò quando mi verranno".
(Idem)

Niente cerone:
"Uso antilucidi da Tv, come tutti".
(*Ansa*, 13 aprile 2000, ore 20.58)

Ai fotografi:
"Per favore, a dopo i flash: tanto poi sui giornali finiscono solo le foto più brutte".
(*La Repubblica*, 24 ottobre 1990)

A proposito del beauty case per il trucco, rivolto ai giornalisti:
"Vorrei vedere se ciascuno di voi quando si sposta, viaggia, non si porta dietro lo spazzolino da denti, una lavanda, un pettine...".
(*Ansa*, 10 novembre 1996, ore 18.04)

Giornalista:
Che ci fa con il pettine?
(Idem)

"È proprio quando si comincia a chiamare per nome i capelli che il pettine deve essere ancora più raffinato, con i denti ben fitti".
(Idem)

Il giornalismo? Emilio Fede

"Scrivete quello che volete e dite pure che l'ho dichiarato io".
(*Corriere della Sera*, 18 agosto 1994)

Prime visioni

Siamo nel 1987, Maurizio Chierici intervista Berlusconi per il *Corriere della Sera*. Si parla della concentrazione delle Tv nelle sue mani, del diritto di informare e di quello ad essere informati in modo obiettivo. Lui assicura:
"Siamo persone equilibrate".
(*Corriere della Sera*, 17 luglio 1987)

D'accordo, ma tanto potere in due sole mani non tranquillizza chi fa politica. Mettiamo che lei si innamori (Berlusconi sorride), che lei venga ricattato da amici o da nemici, o che abbia voglia di fare carriera politica (Berlusconi non sorride), chi garantisce al cittadino un'informazione leale?
"Dico che è una visione molto stretta della realtà".
(Idem)

La satira?
"La satira è il vento della libertà".
(*Ansa*, 23 marzo 2001, ore 19.11)

Comunisti e paracomunisti:
"Possono contare sul 90 per cento dei giornalisti italiani".
(*La Repubblica*, 12 marzo 1994)

"L'85 per cento della stampa è di sinistra".
(*Ansa*, 21 luglio 2002, ore 15.09)

"Quando leggo certe cose e ricordo quelle che le stesse firme scrivevano qualche anno fa, dico che l'istituto della vergogna non esiste più in questo Paese".
(*La Stampa*, 3 settembre 1994)

"Quando dicono che noi non facciamo niente straparlano. Il livello di certa stampa non era mai caduto così in basso".
(*Corriere della Sera*, 15 agosto 1994)

I giornali e il governo dell'Ulivo:
"Il governo può fare tutto quello che vuole: parla di privatizzazioni e non le fa, raddoppia la Finanziaria e la stampa? Nemmeno una piega, nemmeno un *plissé* come quello delle gonne".
(*Corriere della Sera*, 6 novembre 1997)

"Se arriva la Repubblica dei giudici neppure voi ragazzi dei giornali e delle gazzette potrete più scrivere liberamente".
(*La Stampa*, 23 novembre 1994)

"Mi ha telefonato mio figlio undicenne da Washington. Mi ha chiesto: 'ma davvero papà hai detto quelle cose?' Gli ho detto: 'Allora non ti ho insegnato proprio niente se ancora credi a quello che scrivono i giornali'".
(*Corriere della Sera*, 5 luglio 2000)

Contro i giornali che lo criticano:
"Tutti i sorci sono usciti dai buchi".
(*Il Messaggero*, 9 giugno 1994)

Prima parla, poi si pente:
"Ragazzi, meglio che non scrivete niente. Lo dico per-

ché poi sui giornali appaiono affermazioni fuori dal loro contesto e quindi alterate nel loro vero senso. Guardate che ore sono e ricordate dove eravamo. Buonanotte".
(*Corriere della Sera*, 28 gennaio 1996)

Offrendo cioccolatini ai cronisti:
"Prendetene, sono buonissimi, mettetevene qualcuno in tasca…".
(*La Repubblica*, 2 febbraio 1995)

Si offende con i giornalisti:
"Il Berlusconi che leggo sui giornali mi sta terribilmente antipatico. Ma non è lui, è un altro".
(*La Stampa*, 18 dicembre 1995)

"Perché non mi capite? Perché mi raccontate come un pendolo che oscilla?".
(*La Repubblica*, 30 gennaio 1996)

Con il capo dello stato Oscar Luigi Scalfaro e il presidente USA Bill Clinton visita il cimitero militare americano di Nettuno. Poi i giornalisti gli si avvicinano per fargli domande, e lui:
"Non potete commuovervi anche voi per una volta di fronte a questi ragazzi che sono morti per l'Italia?".
(*Ansa*, 3 giugno 1994, ore 11.50)

Amareggiato a chi?

Emilio Fede?
"Prima ero critico, ma adesso comincio ad apprezzarlo. È un baluardo per la democrazia e per l'informazione".
(*La Repubblica*, 4 gennaio 1995)

"Se c'è qualcuno a cui telefono è Fede per dirgli: 'Emilio, amami un po' meno'".
(*Ansa*, 11 maggio 2001, ore 23.15)

Emilio Fede ad Arcore intervista Berlusconi nel pieno della bufera sul decreto Biondi, nell'estate del 1994. Il Presidente del Consiglio è impegnato in uno sfogo fluviale:
"Abbiamo ereditato uno Stato in condizioni spaventose, e io che credevo di aver sempre lavorato tanto, lavoro ancora di più in buonafede e per il buongoverno. Ce la metteremo tutta!".
(*La Stampa*, 19 luglio 1994)

Fede: *"Senta dottor Berlusconi, lei è amareggiato…"*.
(Idem)

Berlusconi: **"No, no, quale amarezza?!".**
(Idem)

Fede: *"Appunto, mi perdoni, lei non è amareggiato".*
(Idem)

Durante la campagna elettorale del 2001, Berlusconi fa un bagno di folla al mercato di via Sabotino, a Roma. Gli si avvicina un vecchietto, che vuole fargli una domanda, ma ha *La Repubblica* in mano. Il Cavaliere sbotta:
"Vedo che si abbevera a un giornale che le dà molte idee sbagliate".
(*Ansa*, 26 aprile 2001, ore 14.19)

Poi si lamenta con i giornalisti:
"Avete fatto una barriera tale che ho potuto parlare solo con voi e non con la gente come avrei voluto".
(Idem)

Poco prima qualcuno gli aveva urlato:
"Portece tu moje a fa' la spesa, invece de fa' 'ste pajacciate".
(Idem)

La sfuriata alla stampa estera

Il 27 novembre 1993, ventilati l'ingresso in politica e l'alleanza con Fini, il Cavaliere affronta la stampa estera.

Non sa che quelli lo aspettano col fucile puntato. E reagisce subito male, quando gli rinfacciano l'accordo con gli eredi del fascismo. Più che dichiarazioni, sono urla:
"Vergogna! Vergogna! Quello è un movimento morto 50 anni fa, e Fini è nato nel '52. Siete in malafede, come potete perseverare a credere che abbia qualcosa a che fare con il fascismo? Come accusare Montanelli d'essere comunista. Sono stufo di sentir parlare di Berlusconi col fez, di Berlusconi cavaliere nero, questi sono sistemi stalinisti".
(*La Repubblica*, 27 novembre 1993)

Berlusconi chiede che venga apprezzato il suo coraggio per i duri attacchi contro i comunisti, che venga compreso un uomo che si espone a
"rischi enormi".
(Idem)

Imperterrito, un giornalista: ma quali rischi? Lei è stato iscritto alla P2, amico di Craxi e del CAF (sigla che indica l'alleanza tra Craxi, Andreotti e Forlani)… Non l'avesse mai detto:
"Basta! Non ne posso più! Mi iscrissi perché stremato dall'insistenza del mio amico Roberto Gervaso. Ricevetti la tessera di 'apprendista muratore', dissi di rimandarla indietro: 'O mi fanno grande maestro o niente'. Ho un testimone, l'allora mio capo ufficio stampa Vittorio Moccagatta che adesso lavora nel gruppo dell'ingegnere De Benedetti".
(Idem)

"Ho nervi di acciaio. I miei stessi avversari devono riconoscere il mio auto-controllo".
(*Ansa*, 8 agosto 1994, ore 13.17)

Con un gruppetto di giornalisti, dopo mezzanotte, al piano-bar di Villa d'Este:
"Ho fatto molti errori. Uno in particolare con la stampa estera. Vero è che i direttori dei grandi giornali stranieri mi hanno detto che mandano in Italia quelli di sinistra che non sanno dove mandare altrimenti".
(*La Repubblica*, 3 settembre 1995)

Berlusconi contro Pajetta, match uno e due

Il 16 luglio 1994, nell'infuriare delle polemiche sul decreto Biondi (o 'salva-ladri', come lo ribattezzano a sinistra), nella sala stampa di Palazzo Chigi si consuma uno scontro epico tra il premier e la giornalista de *Il Manifesto*, Giovanna Pajetta, che ignora l'invito a non fare domande e a farlo partire per Bruxelles.

Pajetta: *"Presidente, ma lei l'ha letto il testo del decreto? Ci dica, l'ha letto o no il testo del decreto?"*.
(*La Stampa*, 28 aprile 1995)

Berlusconi:
"Lei non sembra una giornalista, ma solo un'agit-prop".
(Idem)

Apriti cielo! Polemiche a non finire, con Giuliano Ferrara, portavoce del governo, che tenta di metterci una pezza: *"Sono certissimo che se il Presidente fosse qui, chiederebbe scusa per la sua risposta"*. Nein.

"Dissento dal portavoce del governo", assicura Berlusconi dal Belgio.
(Idem)

Il 27 aprile del 1995 si replica. È la sede di Forza Italia, e Berlusconi protesta vigorosamente contro la stampa che distorce le notizie, contro **"quei giornalisti che si abbassano a scrivere menzogne"**.
(Idem)

Non sa che in sala c'è Giovanna Pajetta, pronta a tirare fuori le unghie: *"Come giornalista protesto, perché lei ha detto che i giornalisti si abbassano a scrivere menzogne"*.
(Idem)

Il premier afferra *L'Unità* e sventola la prima pagina (dove campeggia il titolo: 'Il Polo a pezzi'):

"E allora come considera questo titolo?".
(Idem)

Pajetta:
"Un titolo politico che descrive la situazione di ieri".
(Idem)

Match con *L'Unità*

Appena vede un giornalista di sinistra, la fronte gli si rabbuia e gli nega la patente del mestiere. Il 17 dicembre 2002, nella sala stampa di Palazzo Chigi, un giornalista de *L'Unità*, Massimo Solani, gli fa una domanda sui ritardi nella ricostruzione di San Giuliano di Puglia, devastato dal terremoto. Berlusconi non regge:
"Abbia vergogna! Lei è un mistificatore della realtà... Sono stanco di sentire la realtà capovolta. Lei non è un giornalista, è un mistificatore professionista!".
(*Agi*, 17 dicembre 2002, ore 19.13)

Nel resoconto integrale della sfuriata, pubblicato dall'*Unità* (in cui inciampa in un goffo "San Giuliano Milanese" e risfodera il mitico "mi consenta!"), Berlusconi difende l'operato del governo anche così:
"E poi mi scusi, ma con i soldi devoluti dai lettori del *Corriere della Sera* e dai telespettatori del Tg5 abbiamo inaugurato una scuola bellissima per i bambini di San Giuliano".
(*L'Unità*, 18 dicembre 2002)

Penne e dolori

Montanelli lo abbandona:
"Non ci credo... no, non è vero".
(*La Stampa*, 9 marzo 1994)

"Ma l'avete letto il fondo di oggi di Montanelli? Straordinario. Io non lo condivido, ma è eccezionale. Come sa raccontare certe cose, nessuno...".
(*Corriere della Sera*, 7 marzo 1997)

L'anchorman ideale?
"Vorrei che il conduttore del mio telegiornale avesse l'autorevolezza di Biagi, la vis polemica di Bocca, lo stile di Levi, la chiarezza di Montanelli".
(*Europeo*, 14 settembre 1985)

Su qualcuno di questi giornalisti ideali più tardi cambierà opinione:
"Ho già avuto modo di dire che Santoro, Biagi e Luttazzi, hanno fatto un uso della televisione pubblica, pagata con i soldi di tutti, criminoso; credo sia un preciso dovere della nuova dirigenza Rai di non permettere più che questo avvenga".
(*Ansa*, 18 aprile 2002, ore 16.51)

Più tardi aggiunge:
"Ove cambiassero 'nulla ad personam', ma siccome non cambieranno…".
(Idem)

Sull'anatema contro Biagi e Santoro si scatena la polemica, e il nuovo consiglio di amministrazione della Rai sospenderà le loro trasmissioni. Berlusconi però negherà tutto:
"Come s'è visto dalla registrazione del mio intervento, quella voleva essere solo una battuta ironica: 'speriamo che cambino' ".
(*Ansa*, 27 dicembre 2002, ore 11.29)

Eugenio Scalfari:
"Ho letto il fondo di Eugenio Scalfari, cioè il capo della Spectre che vuole la mia eliminazione politica".
(*La Repubblica*, 27 marzo 1995)

Ernesto Galli della Loggia:
"Egregio direttore, non ricordo di aver mai letto un articolo così lontano dalla realtà come quello di Ernesto Galli della Loggia… scriva di tutto ma non di Forza Italia, perché la spinta ideale mia e della gente di Forza Italia gli è evidentemente incomprensibile".
(*Corriere della Sera*, 8 luglio 1996)

Sull'*Espresso*:
"Contro di me usa i metodi che usava Goebbels contro gli ebrei".
(*La Repubblica*, 9 aprile 1995)

"Io non lo leggo da otto mesi e vivo lo stesso. Consiglio a tutti gli italiani per bene di fare lo stesso".
(*La Stampa*, 11 marzo 1995)

Su *Telesogno*, progetto di Tv di Costanzo e Santoro. Togliere una rete a Rai e Fininvest per far spazio a *Telesogno*?
"… Santoro e Costanzo, due anchormen, due ideatori conduttori con i fiocchi. Ma che per fare davvero un polo televisivo sono meno del prezzemolo per fare la minestra".
(*La Repubblica*, 4 aprile 1995)

"Ma se la facciano dal niente, Costanzo e Santoro, la loro Tv: perché dovrebbero averla in regalo?".
(*La Repubblica*, 9 aprile 1995)

Ospite in Tv da Santoro

Come si sente nella fossa dei leoni?
"Stasera i leoni devono avere paura".
(*La Repubblica*, 14 aprile 1995)

Santoro:
"Presidente, io ricordo D'Alema che…".

Berlusconi:
"Sì Santoro, lei D'Alema lo ricorda sempre, anche di notte".
(Idem)

Un anno prima:
"Non perderò un minuto del mio tempo in trasmissioni ignobili, fondate sulla cultura del sospetto, magari accanto a cadaveri eccellenti come certi politici e giornalisti".
(*La Repubblica*, 6 febbraio 1994)

Le sue giustificazioni:
"Sarebbe stato un agguato. Per questo non sono andato a *Milano Italia*. Sarei stato bersagliato da domande e interventi faziosi fatti da persone con precisi trascorsi. Non vedo perché un leader di una forza politica debba accettare in questo modo di diventare una vittima".
(*La Repubblica*, 9 marzo 1994)

Sull'attendibilità dell'*Economist*, il prestigioso settimanale di economia internazionale:
"Ha scritto che il Milan vince qualche partita. Via, è come se io dicessi che l'*Economist* è solo qualche volta autorevole".
(*La Stampa*, 30 dicembre 1993)

Intervista a Ferruccio de Bortoli, sul *Corriere della Sera*:
"Ce l'avete tutti con me. Se foste dei buoni giornalisti ripubblichereste il mio intervento sulle riforme del 2 agosto: invece il giorno dopo sui giornali aveva più spazio l'uscita, per inconsolabile vedovanza ministeriale, di tale Podestà da Forza Italia".
(*Corriere della Sera*, 28 gennaio 1996)

L'audience:
"Parlate in modo comprensibile. Per esempio, abolite le sigle. Cosa vuol dire OLP? Per molta gente non vuole dire niente e dunque bandite la parola OLP".
(*Il Mondo*, 7 gennaio 1990)

Arrigo Levi, una delle più grandi firme del giornalismo italiano, gli spiega che è necessario assumere anche alcuni inviati speciali per seguire il terrorismo e tre redattori specializzati in sindacato:
"Alto là, caro Levi, di terrorismo e di sindacato si parlerà poco sulle mie televisioni".
(Idem)

L'essenza della Tv commerciale, che ha come unica risorsa la pubblicità, spiegava a suo tempo Berlusconi, è quella di servire il pubblico, a 360 gradi:

"Se prendo posizione contro il Partito Comunista, per esempio, mi alieno il 30 per cento del mio pubblico. Conseguenza: spendo gli stessi soldi per comprare Dallas ma so che questi signori che mi hanno in antipatia non lo guarderanno mai su Canale 5".
(*Europeo*, 14 settembre 1985)

La Rai lottizzata?
"Basta vedere la terza rete che è appaltata al PCI. Tanto per dimostrare che anche gli angeli mangiano fagioli".
(*La Repubblica*, 4 ottobre 1989)

Quando poteva parlare liberamente

Davanti alle macerie dei partiti, spazzati via dall'inchiesta milanese di Mani Pulite, il Berlusconi imprenditore tira un sospiro di sollievo:
"Siamo più liberi".
(*La Repubblica*, 20 dicembre 1992)

In primo luogo, diciamocelo, perché:
"Abbiamo già avuto le concessioni per le nostre Tv".
(Idem)

Ma soprattutto:
"I partiti hanno gravi problemi interni da risolvere".
(Idem)

E quindi:
"Un gruppo come il nostro che ha giornali e Tv sarà più al riparo da interventi, pressioni...".
(Idem)

Sfogo in diretta con Aldo Biscardi, durante il *Processo del Lunedì*, popolare trasmissione Tv di calcio commentato. Biscardi dà la notizia che Berlusconi è stato ascoltato in serata dai giudici milanesi. Il Cavaliere telefona per precisare di essere andato per:
"fare chiarezza su tutto quanto di falso sta venendo fuori

intorno alla Tv commerciale".
(*La Stampa*, 1 giugno 1993)

E protesta energicamente, già che c'è, anche per la precedente puntata, durante la quale due suoi fedelissimi, Gianni Letta ed Adriano Galliani, erano stati al centro di una discussione burrascosa:
"Vi chiamo per protestare. Nell'ultima puntata del *Processo* è stato teso un vero e proprio agguato a Letta e Galliani. Anzi, con Letta avete fatto la cosa più scorretta che si può fare in Tv: l'avete sempre inquadrato di spalle. Quella vostra trasmissione è l'agghiacciante fotografia di quello che succederebbe a tutti noi se certi nipotini di Stalin prendessero il potere".
(Idem)

Biscardi:
"Guardi, forse per culto della personalità le hanno raccontato maldestramente..."
(Idem)

Dribblando i giornalisti:
"Scusate, ma adesso c'è un bel risotto che si scuoce".
(*Ansa*, 6 ottobre 1997, ore 14.26)

Il Milan fa bene all'Italia

"Il calcio è metafora di vita: i giocatori sono eroi in cui tutti si riconoscono".
(*Ansa*, 6 giugno 1994, ore 20.24)

Il Milan

"In un momento come questo il Paese ha bisogno anche di miti: sì, è ora di dirlo, questo Milan fa bene all'Italia".
(*Corriere della Sera*, 28 dicembre 1992)

Berlusconi a Enzo Biagi:
"Il Milan è un affare di cuore e lo lasciamo nella sfera dei sentimenti".
"Un affare che costa miliardi?".
"Anche le belle donne costano molto. Ma anche il cuore non può spingere nessuno ad entrare in una palude, anche se c'è bisogno di fare un po' di bucato".
(Intervista di Enzo Biagi per la trasmissione *Spot*, 1986)

Raccomandazione ai giocatori del Milan:
"E dedicatevi completamente al campo, non al letto: per quello, avrete tanto tempo a fine carriera".
(*La Repubblica*, 6 ottobre 2002)

Ai giornalisti:
"Sapete, sono stato a Milanello, al Milan, ho regalato dei

libri ai ragazzi, spero che lascino i fumetti".
(*La Repubblica*, 17 marzo 1993)

"Il Milan è un'organizzazione che dà vita ad un'idea".
(*La Repubblica*, 30 ottobre 1994)

"Ho insegnato al Milan come si gioca al calcio".
(*Ansa*, 23 marzo 2001, ore 19.11)

"C'è una cultura dell'invidia contro il Milan".
(*La Repubblica*, 18 aprile 1990)

"Rivera era la luce, Rivera era la geometria del calcio".
(*Ansa*, 21 luglio 1999, ore 22.30)

Arriva l'ucraino Shevchenko, avrà difficoltà ad integrarsi?
"Non credo, adesso abbiamo D'Alema a Palazzo Chigi, sono sicuro che si adatterà bene".
(*Corriere della Sera*, 23 dicembre 1998)

"Con Tassotti sono d'accordo che a fine carriera gli pagherò le spese per rifarsi il naso".
(*Ansa*, 6 giugno 1994, ore 20.24)

"Ma lo sapete che il figlio di Weah è bravissimo? Si dribbla quattro avversari come niente... mio figlio vorrebbe tanto che andasse nella sua classe, così la sua squadra vincerebbe ogni tanto...".
(*Corriere della Sera*, 7 marzo 1997)

Replicando ad uno striscione che chiedeva grandi acquisti per la squadra:
"Ci vorrebbe anche un altro striscione con scritto: siamo pronti a metterci 300 miliardi".
(*Ansa*, 14 maggio 2000, ore 17.30)

Rispondendo ai cori dei tifosi che chiedevano di tirare fuori la 'grana':
"Purtroppo la grana è stata tirata fuori. Infatti in questi tre anni sono stati spesi 412 miliardi, con un saldo pas-

sivo tra acquisti e vendite di oltre 240 miliardi".
(*Ansa*, 18 marzo 2001, ore 20.59)

Nesta? Mai e poi mai...

Il 23 agosto 2002 è giornata di giubilo per il premier, accolto come un trionfatore al meeting di Comunione e Liberazione a Rimini. Il suo popolo, tra le tante idealità, avanza una richiesta e alza uno striscione: *"Compraci Nesta, mettiamo 10 euro ciascuno".*

Berlusconi, che sta parlando di tutt'altro, scuote il capo e risponde:
"No, non è possibile... questo, lo capisco, è impolitico da parte mia. Ma il problema è che nel calcio siamo arrivati a dei livelli che davvero non hanno più nulla di economico e di morale. Nel calcio tutti hanno sbagliato, abbiamo sbagliato. Credo che sia venuto il momento di ravvederci e di ridare al calcio quella sua essenza di sport che oggi quasi non si avverte più".
(*Ansa*, 23 agosto 2002, ore 21.11)

Commento del tecnico laziale Roberto Mancini:
"Se ha detto così, allora siamo veramente a posto".
(*Ansa*, 23 agosto 2002, ore 23.56)

Pochi giorni dopo Nesta vestirà la maglia rossonera.

Modestia

"Il Milan non vince più perché il suo presidente non se ne occupa più, almeno mi piace pensarla così".
(*Ansa*, 6 febbraio 1998, ore 17.16)

"Da quando sono al governo, non ho più il tempo di fare il presidente del Milan, e infatti il Milan non è più in testa alla classifica".
(*Ansa*, 17 aprile 2002, ore 16.56)

"Sono arrivato poco prima del gol. Anch'io ci ho messo lo zampino".
(*Ansa*, 24 marzo 2000, ore 21.45)

Tempi di magra, sconfitte e gioco mediocre. Lui la mette così:
"Il Milan è un eroe che si sta riposando".
(*Ansa*, 14 maggio 1998, ore 23.24)

Vincere...
"Avete l'obbligo di volere fortissimamente anche il prossimo scudetto. Conquistarlo è un dovere imprescindibile e inevitabile".
(*Ansa*, 22 luglio 1999, ore 18.01)

La ola. Per ben due volte partecipa all'onda del pubblico. Gli viene fatto notare e lui:
"Non credo che sia vietato ai vecchietti".
(*Ansa*, 14 maggio 2000, ore 17.30)

Apocalypse now

Stupore quando Berlusconi fa il suo esordio da presidente del Milan. Il 18 luglio 1986 costringe la squadra ad atterrare in elicottero all'Arena di Milano, ed a presentarsi trionfalmente alla stampa accompagnata dalla *Cavalcata delle valchirie*, di Wagner, suonata da un'orchestra. Tutti notano l'espressione rassegnata e attonita del compassato allenatore svedese, Nils Liedholm. Qualche giorno dopo il Cavaliere appare d'improvviso al ritiro della squadra, a Vipiteno, ovviamente piombando in elicottero. Subito cattura i giornalisti:
"Mi fa sorridere chi definisce hollywoodiane le nostre iniziative. La presentazione all'Arena fu un atto civile in un ambiente adatto con alcuni amici protagonisti di Canale 5 che sono milanisti".
(*La Repubblica*, 27 luglio 1986)

"Vorrei che i calciatori mi dicessero grazie zio".
(*Panorama*, 7 settembre 1986)

Il Milan per lei è più importante di Canale 5?
"Canale 5? Mai sentito nominare".
(Idem)

Presidente di un club, un mestiere difficile?
"È il mestiere più facile che mi sia toccato di fare dopo quello di studente elementare".
(Idem)

Il famoso giocatore-allenatore Nils Liedholm su Berlusconi:
"Il presidente ha le sue idee, mi dicono che fosse un buon centravanti in parrocchia...".
(*Europeo*, 11 aprile 1987)

Finale di Coppa dei Campioni Milan-Steaua Bucarest (squadra rumena) del maggio 1989:
"Ho chiesto a Dio di far perdere i comunisti".
(*La Stampa*, 6 luglio 1994)

Gli insaziabili:
"Boban era un giocatore che vinceva sempre, sempre affamato di successo e insaziabile come me, abbiamo qualcosa in comune".
(*Ansa*, 7 ottobre 2002, ore 15.50)

Dialogo con il nemico:
"All'ultimo derby Inter-Milan (finito 2-2, nda) **ho trascinato per la prima volta l'avvocato Prisco** (super-tifoso dell'Inter, nda) **nello spogliatoio del Milan. È venuto ed è stato gentilissimo, come sempre. Poi però mi ha detto: devo scappare, devo scappare e quando gli ho domandato dove dovesse andare mi ha risposto: devo andarmi a confessare".**
(*Ansa*, 25 maggio 1999, ore 17.25)

Per lavorare con lei è necessario essere milanisti?
"Magari potessi liberarmi degli interisti che mi assediano. Il mio autista, il mio cuoco, l'amministratore, il maggiordomo, sono tutti interisti. Perfino il mio avvocato lo è. È pur vero che mi fanno sempre gli auguri di

prammatica. Ma a denti stretti".
(*L'Espresso*, 4 giugno 1989)

Moduli

Un passato da mister, quando allenava l'Edilnord:
**"Quando allenavo io, cambiavo completamente la squa-
dra nel secondo tempo".**
(*Corriere della Sera*, 13 dicembre 1995)

Berlusconi:
"Provo qualche nostalgia per il 4-4-2".
Fabio Capello:
"Il 4-4-2, non ci penso neanche".
(*Ansa*, 29 ottobre 1995, ore 23.36)

Alla vigilia dei mondiali del 1994 Berlusconi riceve gli az-
zurri a Palazzo Chigi:
**"Vogliamo vincere il mondiale? Datemi Sacchi per qualche
ora, ultimamente con lui ho parlato poco e mai di 4-3-3.
Sono disponibile a essere consultato, anche per telefono".**
(*Ansa*, 6 giugno 1994, ore 20.24)
Sacchi:
*"Mi ha fatto uno strano effetto ritrovare Berlusconi qui. Sul
4-3-3 ha ragione: in effetti non glielo ho ancora spiegato".*
(Idem)

Il CT? Non si tocca

Sul licenziamento di Maldini dalla Nazionale:
**"È tipico di una certa cultura italica cercare un capro
espiatorio: ma, ripeto, Maldini non se lo merita. Maldini
ha dato alla Nazionale ciò che il calcio italiano poteva dare: non si può avere champagne se nella botte hai barbera.
E l'Italia aveva barbera".**
(*Corriere della Sera*, 23 luglio 1998)

Presentando il nuovo allenatore del Milan, Tabarez, aveva pronosticato:

"Anche se Tabarez ha firmato per un anno solamente, siamo intenzionati a proseguire la tradizione di accordi quinquennali".

(*La Repubblica*, 18 settembre 1996)

Passano pochi mesi e il povero Tabarez, sommerso dalle sconfitte, sarà sostituito da Sacchi.

Il CT? Via!

È il 3 luglio del 2000, l'Italia è stata sconfitta dai francesi agli Europei. Berlusconi atterra a Milanello per il raduno del Milan, scende dall'elicottero e chiede ai giornalisti se hanno visto Galliani:

"Dov'è il Ciuffo?".

(*Corriere della Sera*, 4 luglio 2000)

Si dirige verso la sala delle conferenze stampa, scambia qualche battuta con le matricole della squadra (**"Brncic, hai un nome impronunciabile, lo devi cambiare"**), poi, stuzzicato, parte all'attacco, non prima di aver detto:

"Per amor di patria preferisco stare zitto".

(Idem)

Ma non ce la fa:

"Insomma, non volevo dirlo, ma ormai ci siamo e non riesco a tenermelo dentro. Non si può lasciar agire indisturbato una fonte di gioco come Zidane, senza marcatori in grado di anticiparlo. Bastava fermare Zidane, perché era evidente che tutto il gioco della Francia passava attraverso di lui".

(Idem)

L'atmosfera in sala stampa si fa tesissima:

"È indegno ciò che è avvenuto, non trovo altri termini. Non è possibile, quella partita l'avremmo vinta noi, bastava capire questa cosa. Il problema è che uno ha l'intelligenza o non ce l'ha".

(Idem)

"Se ci fosse stato Gattuso a marcare Zidane, libero di scorrazzare per tutto il campo, non sarebbe finita così. Sono indignato, anche un dilettante avrebbe vinto la partita di ieri sera".
(Idem)

In serata addolcisce le critiche, ma con pochissimo zucchero:
"Non ce l'ho con Zoff come persona, ci mancherebbe, ho semplicemente voluto dire che è stata una scelta sbagliata, cattiva, sciagurata quella di impostare in quel modo la marcatura su Zidane. Mentre guardavo la partita a casa mi aggiravo come un leone in gabbia per la gravità tattica di quanto stavo vedendo".
(Idem)

L'epilogo è conosciuto. Mentre l'Italia del calcio dibatte su Zoff, che ai suoi estimatori abituali aggiunge tutto il fronte del centrosinistra, il friulano rassegna le dimissioni da CT. Pochi giorni prima Ciampi ha nominato lui e gli azzurri Cavalieri della Repubblica. Del resto aveva già detto che *"Dino Zoff e i nostri giocatori mi hanno fatto sentire orgoglioso di essere italiano, sono stati un esempio per tutto il Paese".*
(Idem)

Forza azzurri

"Cosa posso dire? Forza azzurri e, naturalmente, forza Italia...".
(*Ansa*, 13 giugno 2002, ore 12.34)

Le zie suore pregano per la Nazionale:
"Le ho spostate dal fronte politico alla Nazionale. Matarrese stia tranquillo: le metteremo in batteria pregante".
(*La Stampa*, 29 settembre 1994)

Riceve i giocatori della nazionale anche nel 2002, prima della partenza del Giappone, questa volta a Villa Madama:

**"Andate in Oriente e se tornate prima del tempo vi met-
tiamo in galera...".**
(*Ansa*, 21 maggio 2002, ore 14.16)

Non è la sola scherzosa minaccia agli azzurri in partenza. Agli sconfitti prospetta una catena con una pesante
palla di ferro attaccata alla caviglia o una doppia catena.
Sovrappiù per Totti, che ha i capelli troppo lunghi:
**"Stai attento che una delle pene alternative ('oltre alle
due catene da mettere possibilmente alla caviglia sinistra per lasciare quella destra libera') se non vincete potrebbe essere la Legione straniera, e allora con quei capelli dove andresti?".**
(Idem)

A pranzo:
**"Ogni piatto che sarà servito prevede una domanda sul-
l'inno nazionale, e anche una domanda di riserva con un
piccolo aiuto...".**
(Idem)

Sul Trap:
**"Il Trap è lì che ride. Lui è stato nominato quando c'e-
rano i dirigenti del precedente governo, ma se ci fossi
stato io nessuno avrebbe potuto togliermi la possibilità
di essere commissario tecnico a interim...".**
(*Ansa*, 21 maggio 2002, ore 15.17)

"Quando Gioan (Trapattoni, in quel momento commissario tecnico della nazionale italiana, in procinto di partire per i mondiali coreani, nda) **mi ha visto mi ha subito detto: ora parliamo di marcature...".**
(Idem)

Ah, quel testone di Sacchi!
**"Piuttosto, un consiglio l'ho dato a Gioan: allenali bene
a battere i rigori, non fare come quel testone di Arrigo**
(Sacchi, ex commissario tecnico, nda) **che per non farlo
ci ha perso una finale mondiale".**
(*Ansa*, 21 maggio 2002, ore 15.25)

Dopo la vittoria con l'Ecuador, parlando di Trapattoni:
"Ho visto un grande regista a bordo campo, un regista che mi ha ricordato qualcun altro in quel ruolo…".
(*Ansa*, 3 giugno 2002, ore 19.50)

"Il riposo dei nostri campioni è sacro e questo ha impedito alla mia curiosità e voglia di fargli un assist di sostegno".
(*Ansa*, 7 giugno 2002, ore 19.55)

Metafore

"Vincere uno scudetto o una Coppa dei Campioni rimane un ricordo perenne. Come la ragazza che ti ha dato il primo bacio, come l'abbraccio di tuo padre al primo trenta e lode".
(*L'Espresso*, 4 giugno 1989)

Il tifoso accanito:
"C'è una trasposizione del calciatore in campo che diventa una metafora della vita. Una squadra di calcio è un po' una trasposizione di se stessi, di tutto ciò che di buono e di favorevole c'è in un uomo. Quindi, ecco perché non si può cambiare squadra".
(*Ansa*, 6 febbraio 1998, ore 17.27)

"Io ho sempre fatto da me e non ho mai guardato con simpatia alla sinistra. Anche quando giocavo a pallone - *ride* - non ho mai fatto l'ala sinistra. A dire il vero, neppure la destra. Sono sempre stato centravanti. Ho fatto molti gol, poi con l'età sono tornato al centrocampo, ho fatto il regista, come faccio ora, e ho fatto segnare molti gol agli altri".
(*La Stampa*, 4 gennaio 1995)

"Vanno tutti al centro? Bene, mi lasciano il gioco che preferisco, quello sulle fasce".
(*La Repubblica*, 28 febbraio 1996)

Gli insegnamenti del bomber montenegrino Dejan Savicevic:

"Una volta, sentendo le dichiarazioni di un certo signore della Lega, Savicevic mi disse: da noi, presidente, è cominciato tutto così. Le divisioni etniche c'erano, sì, ma non ne tenevamo conto. Ci eravamo sposati, eravamo diventati amici... Poi, all'improvviso è scoppiato questo conflitto, per questa volontà di distacco e indipendenza".
(*La Repubblica*, 4 aprile 1996)

Calcio e giustizia

L'inchiesta sull'acquisto di Lentini dal Torino:
"**Galliani mi ha dato la sua parola... e poi se scoprissi che Lentini è stato pagato più di 18 miliardi, beh, sarei io il primo a rincorrerlo**".
(*La Stampa*, 9 marzo 1994)

Il teorema:
"**Dicono che 'non potevo non sapere' alla Guardia di Finanza e invece, ma nessuno lo crederà mai, hanno venduto Desailly senza dirmelo e a un prezzo che è la metà di quello attuale di mercato**".
(*Ansa*, 15 luglio 1998, ore 18.19)

"**Hanno venduto prima Davids, e questo lo sapevo e non mi sono opposto perché mi hanno detto che c'erano difficoltà di rapporti interni... Però: abbiamo avuto i due maggiori 'incontristi' di centrocampo, cioè Desailly e Davids, e li abbiamo venduti prima dei mondiali, quando avrebbero avuto un palcoscenico, un'enorme vetrina**".
(Idem)

"**Immaginate che io possa andare davanti a un tribunale e raccontare che hanno venduto Desailly per 14 miliardi senza che lo sapessi? Non mi crederebbero mai, ma è così: non lo sapevo, me lo sono trovato così**".
(Idem)

Mangiavano davvero i bambini

Ucci, ucci...
"Mi si accusa di aver detto che i comunisti mangiano i bambini. Ma se volete posso organizzare un convegno in cui dimostrerò che i comunisti hanno realmente mangiato i bambini e fatto anche di peggio".
(*Ansa*, 20 ottobre 2000, ore 18.42)

C'era la Siberia dietro l'angolo
"Dicono d'essere cambiati, i comunisti, il PDS. Ma, mi scusi il paragone, è come se uno che per tutta la vita ha fatto il ladro improvvisamente si proponesse per fare il magistrato".
(*La Repubblica*, 23 febbraio 1994)

"Chi salvo tra Dini, D'Alema, Prodi, Veltroni e Bertinotti? Li butto tutti dalla torre e poi chiedo il Nobel per la pace".
(*La Stampa*, 30 ottobre 1995)

Berlusconi vince le elezioni del 1994, e non la smette mai di ricordare la tragedia che è stata evitata per un pelo:
"Il 27 marzo l'abbiamo scampata bella. Tutto era pronto, erano stati messi gli uomini giusti ai posti giusti: nelle scuole, nelle università, nelle case editrici, nelle televisioni, nelle Procure della Repubblica. Era pronta una grande capacità organizzativa per conquistare le piazze".
(*La Repubblica*, 15 novembre 1994)

Ma due anni dopo vince l'Ulivo:
"Andava meglio due anni fa. Che facciamo Gianni, ci vediamo all'estero?".
(*La Repubblica*, 22 aprile 1996)

"Grande Finanziaria! Hanno tolto la tassa sull'inno di Mameli. Va bene, a patto che non vogliano sostituirlo con Bandiera Rossa".
(*La Repubblica*, 26 settembre 1996)

"L'Italia non è uno stato democratico, bensì uno stato poliziesco, uno stato unico in Occidente il cui governo è appoggiato da un partito di estrema sinistra che ancora crede in Karl Marx e in Friedrich Engels".
(*La Repubblica*, 26 ottobre 1996)

I consigli della Thatcher:
"Ho avuto il piacere di scoprire qualcuno più anticomunista di me. Mi ha esortato ad essere più duro, ma per me è difficile, in politica ho il difetto di essere troppo buono".
(*Ansa*, 9 febbraio 2001, ore 18.52)

Brano contenuto nel kit del candidato di Forza Italia:
"Il comunismo al potere ha sempre e dovunque prodotto: 1) miseria 2) terrore 3) morte. Col comunismo al potere gli oppositori sono 1) in esilio 2) in galera 3) al cimitero".
(*La Repubblica*, 12 aprile 2001)

Massimo D'Alema

"Non sono stati i baffi alla Chaplin di Occhetto a convincermi di fare politica, ma i baffetti sottili di D'Alema".
(*La Repubblica*, 26 luglio 1996)

"Ah, D'Alema! Due anni fa mi ha chiesto di vendere il mio gruppo in sei mesi, vendere, vendere! Mentre lui in un anno non è ancora riuscito a fare il trasloco... E alura te se' anca mo' lì?".

(*La Stampa*, 24 marzo 1994)

"D'Alema è un vecchio statalista che considera lo Stato come il garage di sua zia. È stato a Mosca 33 volte a prender soldi, mentre io ne ho dati. Napolitano è il peggiore perché sembra un inglese e invece in commissione si comporta da stalinista. Prodi è un burattino nelle mani di D'Alema".
(*La Repubblica*, 3 settembre 1995)

"Tutte le volte che ha per le mani un sondaggio favorevole D'Alema vuole le elezioni".
(*Corriere della Sera*, 10 ottobre 1995)

"Non ho mai portato marmellate a D'Alema".
(*Corriere della Sera*, 14 febbraio 1996)

"Certamente grintoso, un po' supponente, furbo".
(*Ansa*, 5 marzo 1996, ore 21.17)

Su D'Alema e il "via libera" di Bill Clinton al PDS:
"Era una cosa scontata. Purtroppo la sinistra cerca ancora identità diverse dalle sue un po' ovunque. Così a Clinton gli hanno fatto fare il vigile urbano e gli hanno fatto dire: Don Massimo, trasite... io sono trasecolato".
(*La Repubblica*, 4 aprile 1996)

"D'Alema è uno serio, con cui si può discutere".
(*La Repubblica*, 26 luglio 1996)

"Preferisco il sosia, è più simpatico".
(*Corriere della Sera*, 7 marzo 1997)

Sulle performance culinarie di D'Alema:
"Visto come qualcuno cucinava il risotto con l'aglio, mi è venuto un pensiero cattivo, stiamo a vedere che ora arriverà una legge che obbliga a mangiare l'aglio. Io farò disobbedienza civile".
(*Ansa*, 15 ottobre 1997, ore 23.36)

Mia madre **"mi dice sempre di stare molto attento, perché**

non si è mai visto un lupo che diventa vegetariano".
(*La Repubblica*, 19 novembre 1997)

Figlio di papà?
"Mi correggo, D'Alema è nipote di nonno, lui, il partito, l'ha ereditato: il PDS viene da lontano, da una storia che risale al 1920 o giù di lì".
(*La Repubblica*, 26 giugno 1998)

"D'Alema lo stimo. Se c'è una persona credibile a sinistra, questi è D'Alema".
(*Ansa*, 4 settembre 1999, ore 20.03)

"D'Alema è un capitan Fracassa".
(*Ansa*, 31 marzo 2000, ore 20.45)

Walter Veltroni

"Veltroni è un coglione".
(*La Repubblica*, 3 settembre 1995)

Un attimo dopo:
"Oh, ragazzi, mica scriverete poi? Chiacchieriamo tra di noi, ci lasciamo andare al paradosso. Stiamo allegri. In un ambiente come questo, a quest'ora... si dice per dire: se Veltroni fosse un coglione non sarebbe arrivato dove è arrivato".
(Idem)

Veltroni come Blair?
"Mi fanno sorridere certi paragoni con chi pensava che per cambiare bastasse appendere un poster di Kennedy".
(*Corriere della Sera*, 3 maggio 1997)

"Invece di fare lo spiritoso, dovrebbe rimettersi a studiare e prendersi una laurea, visto che l'unica laurea che ha è quella delle insolenze e della menzogna, presa all'Università delle Frattocchie".
(*Ansa*, 28 novembre 1998, ore 17.35)

"Veltroni il calcio l'ha visto solo sulle figurine".
(*Corriere della Sera*, 5 luglio 2002)

Achille Occhetto

"Umanamente è simpatico, tutt'altra cosa rispetto a D'Alema. Ma entrambi sono stati capaci soltanto di fare i funzionari di partito. Immaginate me e loro due interrogati da un semplice cittadino che non ci conosca: cosa avete fatto nella vita? Io posso citare case, giornali, televisioni, insomma il secondo gruppo italiano. E loro? Possono soltanto dire d'essere stati comunisti e picchettatori davanti alle fabbriche...".
(*La Repubblica*, 29 aprile 1994)

Fabio Mussi

"A me Mussi è davvero simpatico, nonostante mi abbia detto che sono uno 'spogliarellista politico'. Ha una faccia che è a metà quella di Hitler e a metà quella di un salumiere gioviale".
(*Ansa*, 16 ottobre 1997, ore 16.43)

"Mussi umanamente è simpatico, peccato che ha una dieta che non condivido. E quando glielo ho detto lui ha capito subito rispondendomi: '*è vero, io mangio i bambini*' ".
(*Agi*, 6 dicembre 2002, ore 17.20)

Fausto&Silvio

"L'è minga un pirla".
(*Corriere della Sera*, 29 settembre 1996)

"Prevede l'attuazione in Italia del socialismo reale e di questo fa la sua bandiera".
(*Corriere della Sera*, 7 marzo 1997)

12 novembre 1996, Transatlantico di Montecitorio. Berlusconi incontra Fausto Bertinotti, segretario di Rifondazione Comunista, che appoggia il governo Prodi.

Berlusconi:
"Signor Presidente del Consiglio…".

Bertinotti:
"Io punto sempre alla presidenza del Milan, non a quella del Consiglio".

Berlusconi:
"Non mi risulta che ci siano squadre moscovite che hanno fatto quello che ha fatto il Milan…".

Bertinotti:
"Lei sarà più bravo di me a fare il presidente del Milan. Ma le assicuro che di ideologia un po' me ne intendo, e la nostra ideologia con quella moscovita non c'entra quasi nulla".

Berlusconi:
"Il socialismo reale…".

Bertinotti:
"Il socialismo reale purtroppo è stato un grande deficit di socialismo. Ma se lei mi dice che i miei fondamenti sono quelli marxiani, io non obietto nulla".

Berlusconi:
"Non mi risulta che Marx avesse una squadra del cuore…".

Bertinotti:
"Quello che mi preoccupa, è che lei non solo vuole la borghesia come unica capace di governare la cosa pubblica, ma persino il Milan. Noi milanisti siamo chiamati 'casciavit', cioè quelli dell'attrezzo più umile, il cacciavite. Quindi sono io candidato a presiedere il Milan, non lei, che certo c'entra poco, diciamo la verità".

Berlusconi:
"Le parlo come uno che ha passato poco tempo sui

testi e sui principi e sulle ideologie, anche se mi sono laureato bene, con voti che erano i migliori. Come
imprenditore, credo che non c'è nessuno in Italia che
ha creato tanti posti di lavoro come il sottoscritto.
Per me sono tutti collaboratori, la parola 'dipenden-
te' non ce l'ho".

Bertinotti:
*"Peggio. Perché se li chiamasse 'dipendenti' almeno riconosce-
rebbe loro una autonomia, quella cioè almeno di potersi battere contro di lei. Invece così addirittura li sussume dentro di lei.
E questo è ancora peggio".*

Berlusconi:
**"Hanno una autonomia tale, che fanno anche errori co-
spicui, e vanno avanti nella loro indipendenza e autonomia... Lei faccia come D'Alema, vada in Mediaset e si
trattenga con quelli che sono lì: vedrà che c'è un clima
che io ho creato... Se lei legge il nostro programma, vedrà che la nostra preoccupazione più grande è aiutare i
pensionati, gli operai...".**

Bertinotti:
*"Sulle pensioni è meglio non parlare. Lei ha mai visto in fac-
cia chi esce da un altoforno dopo 35 anni?".*

Berlusconi:
"Ma perché lei parla solo dei lavori usuranti?".

Bertinotti:
*"Ma perché la catena di montaggio è meno usurante? Le pen-
sioni di anzianità pesano essenzialmente sul lavoro manuale.
Saluti".*
(*La Repubblica*, 12 novembre 1996)

Berlusconi:
"Non si può portare la croce e cantare".
(*Ansa*, 30 dicembre 2002, ore 19.15)

Bertinotti:

"Ha ragione: lui canta, il paese porta la croce".
(*Ansa*, 30 dicembre 2002, ore 20.12)

"Cossutta mi è anche simpatico, perché assomiglia a mio zio, e questo suo aspetto 'familiare' mi mette di buon umore".
(*La Stampa*, 28 ottobre 1995)

Durante la sua prima campagna elettorale, contro il PDS di Achille Occhetto:
"Mantengono ancora la falce e il martello. Pensate se altri avessero conservato il fascio littorio o addirittura la svastica. Al PDS non hanno neanche riverniciato la facciata di Botteghe Oscure, stesso segretario, stesso vice, stessa organizzazione paramilitare".
(*Corriere della Sera*, 13 febbraio 1994)

"I dirigenti del PDS sono stati in passato completamente d'accordo con Stalin e Breznev".
(*La Repubblica*, 31 dicembre 1994)

"Mussolini tolse al Parlamento la libertà di legiferare dandola al governo, ora, come allora, rischiamo un regime".
(*La Repubblica*, 7 novembre 1996)

Invitando il PPI a non allearsi con la sinistra:
"Tutti i partiti cattolici che hanno accettato di avere come compagni di strada eredi del comunismo, hanno fatto tutti la stessa fine: sono stati inglobati quando gli è andata bene, molti esponenti sono stati imprigionati o fatti fuori".
(*Ansa*, 17 novembre 1998, ore 10.48)

Durante il governo dell'Ulivo:
"Del resto i comunisti non hanno mai preso o lasciato il potere democraticamente e anche questa volta chissà cosa saranno capaci di inventare".
(*Ansa*, 5 settembre 2000, ore 19.16)

Poi vince le elezioni del 2001 e dice:
"Per la prima volta in Italia, con il voto del 13 maggio, è

accaduta una cosa mai successa prima. **Da quando l'u-
manità ha conosciuto l'ideologia folle che si chiama comunismo, non era mai successo che, una volta al potere,
lo avesse lasciato con libere elezioni: è successo in Italia
per la prima volta il 13 maggio".**
(*Ansa*, 25 maggio 2001, ore 20.29)

Sulla sinistra:
"Vuole la distruzione del signore che vi sta parlando".
(*La Repubblica*, 9 aprile 1995)

**"Se vinceranno le sinistre l'unico comparto di sicuro svi-
luppo sarà l'edilizia carceraria".**
(*La Stampa*, 24 marzo 1996)

Il buono scuola, l'alternativa per chi non vuole frequentare:
**"la scuola pubblica dove si viene indottrinati secondo
Marx".**
(*Ansa*, 24 marzo 2001, ore 18.15)

Dal palco del Palasport di Padova:
**"I comunisti e i loro alleati vogliono, sognano di elimi-
narmi anche fisicamente".**
(*La Repubblica*, 14 marzo 1995)

**"Come Lenin ha insegnato loro vogliono distruggere il
nemico. Distruggere la sua azione, la sua immagine, la
sua persona".**
(Idem)

L'Italia ulivista?
"Un Paese senza sprint, senza verve, senza bollicine".
(*La Stampa*, 4 ottobre 1996)

"L'Ulivo gestisce lo Stato come il garage della zia".
(*Corriere della Sera*, 28 gennaio 1997)

Lavoratooori!
**"Se tre milioni hanno scioperato e sono scesi in piazza ci
sono altri 20 milioni che non sono scesi. Questo vuol dire**

che le forze responsabili sono largamente prevalenti".
(*La Repubblica*, 16 ottobre 1994)

"Bisogna lavorare, non scioperare".
(*La Repubblica*, 13 novembre 1994)

Dopo un incontro con le parti sociali:
"Non sono stato sparato. Ne deduco con il mio ottimismo che ci fosse un clima di cordialità".
(*Ansa*, 31 maggio 2002, ore 19.33)

Chiodo fisso:
"C'è una mosca inviata dall'opposizione che mi sta distraendo…".
(*Ansa*, 10 ottobre 2002, ore 13.41)

Inciampa nelle transenne:
"È un attentato al Presidente del Consiglio".
(*Ansa*, 2 giugno 1994, ore 17.55)

Il presidente della Confcommercio Billè gli offre i cannoli:
"Viva i cannoli, io sono abituato ai cannoni della sinistra…".
(*Corriere della Sera*, 7 aprile 2001)

"Io sono una persona moderata, ma il 62 per cento dei miei elettori è di sinistra".
(*El Mundo*, 21 luglio 2002)

Son fatto così

Lei ha un modello?
"No. Berlusconi mi basta e mi avanza".
(*La Stampa*, 15 maggio 1988)

Lei lavora sempre?
"Io sono il mio lavoro".
(Idem)

Il dollaro:
"Quando ero giovane avevo il simbolo del dollaro negli occhi, oggi negli occhi ho solo l'interesse del Paese, il fatturato dei voti".
(*La Stampa*, 15 dicembre 1995)

"Ho un modo di fare politica molto semplice, secondo alcuni semplicistico".
(Idem)

"Lo diceva anche la mia mamma che 'sun ciapà'. Sono soltanto un uomo comune che ha fatto un miracolo non comune. È per questo che piaccio alla gente".
(*Europeo*, 14 settembre 1985)

"Io ho sempre fiducia, perché ho la fiducia incorporata".
(*Ansa*, 24 ottobre 1997, ore 15.03)

"Se devo essere proprio sincero l'Italia dei poveri è in

testa ai miei pensieri".
(*Ansa*, 4 settembre 1999, ore 20.03)

"La parola rassegnazione non fa parte del mio vocabolario".
(*La Repubblica*, 19 agosto 1995)

Gli fanno rilevare che negli spot elettorali prevale l'immagine di un nababbo, con sfondi di argenteria e quadri del Tiepolo.
"La prossima volta li farò dal garage".
(*Ansa*, 22 febbraio 1994, ore 22.46)

"Con me è difficile non andare d'accordo perché quando qualcuno ha le punte mi faccio concavo, quando qualcuno si ritrae mi faccio convesso...".
(*La Stampa*, 25 gennaio 1996)

"Nella parte di Biancaneve mi trovo benissimo. Ho mangiato la mela avvelenata e sono in attesa del principe Azzurro, cioè degli elettori che devono arrivare".
(*Ansa*, 29 ottobre 1995, ore 18.40)

"Vedo tutto d'istinto, come ha detto una volta la mia mamma. Sono una specie di strega".
(*Europeo*, 14 settembre 1985)

"Il Presidente del Consiglio è un professionista del combattimento, si considera in guerra per il suo Paese, e sa che gli arriveranno degli attacchi sotto la cintola".
(*La Stampa*, 13 agosto 1994)

"Io sono come un generale che misura il morale delle truppe incominciando ad ispezionare le cucine".
(*Europeo*, 3 marzo 1990)

"So di avere molti nemici e sono molto potenti. Ma un uomo non può cambiare strada per paura".
(*Ansa*, 23 ottobre 1995, ore 16.39)

"Sono un guerriero stanco, ma sempre combattente".
(*Ansa*, 22 aprile 1999, ore 12.37)

"Non sono il 'Berlusca', ma quello che ne resta".
(*Ansa*, 22 aprile 1999, ore 12.37)

"Non sono mai andato in vita mia alla prima della Scala e se debbo dire la verità non ci tengo proprio ad andarci. Purtroppo non potrò andare tra dieci giorni a Tokyo per la coppa intercontinentale".
(*Ansa*, 8 dicembre 1989, ore 00.15)

"Io, a casa ad Arcore, ho un vecchio ronzino a cui sono molto affezionato, che non voglio né vendere né abbattere. Ma è molto solo. Così gli ho affiancato un altro cavallo per tenergli compagnia".
(*Europeo*, 3 marzo 1990)

L'orologio Patek Philippe da 400 milioni di lire?
"Accidenti. È un regalo, non credo proprio che costi tanto. Ultimamente si è anche fermato".
(*La Repubblica*, 5 marzo 1995)

"Io conosco la realtà economica italiana, perché sono ancora un pro-ta-go-ni-sta del lavoro. Ho mille sensori nelle aziende che stanno in trincea".
(*La Stampa*, 4 ottobre 1996)

"Chi batte il mare come faccio io con il mio gruppo deve poter contare su qualche porto amico".
(*La Repubblica*, 25 maggio 1990)

"La nostra vecchia classe politica è una classe politica di merda".
(*La Repubblica*, 29 aprile 1994)

"Ho una concezione eroica della vita, io".
(*La Stampa*, 31 marzo 1994)

"Io ci sguazzo nella competizione, ma una competizione

leale".
(*La Repubblica*, 4 ottobre 1989)

"No, no. Io non metto mai i piedi in acqua. Per me la Sardegna è un luogo di lavoro".
(*Corriere della Sera*, 15 luglio 1996)

"Sono un lupo solitario, che però vive nel sistema".
(*La Repubblica*, 28 novembre 1991)

"Non chiamatemi Ingegnere, continuate pure con Sua Emittenza, che va benissimo".
(Idem)

Le sue 'battutacce' le creeranno problemi?
"Sì, ma è più forte di me".
(*La Repubblica*, 4 ottobre 1989)

Ma a volte gli scappano proprio, come quella sulla Rai 'anomala':
"Mi è scappata mentre ero ancora commosso al pensiero che in Ruanda ci sono centomila bambini orfani".
(*La Stampa*, 10 giugno 1996)

"E sono tornato a commuovermi. Non credo per questo di essere meno uomo o meno adatto ad affrontare i problemi dello Stato".
(*Ansa*, 3 aprile 1997, ore 19.03)

Voce dalla platea:
"Sei unico…".

Risposta:
"Calma, calma. Che l'ultimo a cui l'han detto l'hanno appeso a piazza Loreto".
(*La Stampa*, 18 dicembre 1995)

I candidati:
"Devo andare a risolvere la questione dei collegi, un lavoraccio. Adesso si vorrebbero candidare tutti: esimi

scienziati, illustri professori. Intendiamoci, tutte persone di prima qualità. Ma è una ressa. A un cardiochirurgo ho detto: ma scusi, lei quante vite salva ogni giorno? E non è meglio che resti in sala operatoria?".
(*La Stampa*, 12 febbraio 1994)

Mentre riceve i presidenti di regione:
"Mi sembra di essere quel dentista della mia infanzia. In sala d'aspetto, mentre i pazienti aspettavano, ogni tanto si udiva l'urlo del malcapitato sotto i ferri ed una voce tonante che diceva: 'appresso'…".
(*Ansa*, 16 maggio 2002, ore 16.13)

"C'è chi dice che sono un sognatore ad occhi aperti, ma vi garantisco che ho trovato una quantità di persone affette da questo stesso morbo onirico".
(*Corriere della Sera*, 19 maggio 1994)

"Sono troppo buono, dovrei essere più cattivo. Ma non mi riesce…".
(*La Repubblica*, 31 dicembre 1994)

"Se mi guardo allo specchio vedo un uomo sereno, equilibrato, paziente, tollerante, rispettoso degli altri".
(*Corriere della Sera*, 10 ottobre 1995)

"Più mi vengono addosso, più mi indigno".
(*Corriere della Sera*, 17 gennaio 1996)

Chiamato in un'aula giudiziaria:
"Voglio essere lì, con il coraggio che mamma mi ha dato".
(Idem)

Cita un proverbio francese:
"Che animale cattivo! Quando l'attaccano si difende".
(Idem)

"Io non ho ambizioni personali, sono un uomo appagato".
(*Corriere della Sera*, 3 settembre 1995)

"Ascolto tutti, questo sì, ma alla fine il mio computer personale produce soluzioni responsabili".
(*La Repubblica*, 26 giugno 1998)

"Io, un conservatore al quale tocca fare il rivoluzionario per salvare la democrazia in questo Paese".
(*La Repubblica*, 5 marzo 1995)

Tra due ali di folla plaudente:
"Ora questi applausi li confezioniamo, così me li risento nei momenti difficili".
(*La Repubblica*, 27 ottobre 1994)

"Sto ai polpacci dei miei collaboratori come un cane che morde fino a che non realizziamo ciò che vogliamo".
(*La Repubblica*, 26 novembre 1994)

I mille mestieri

Contadino:
"Anch'io ho raccolto patate, ho fatto la mietitura e in inverno ho passato le mie ore nelle stalle perché lì faceva più caldo".
(*Corriere della Sera*, 19 gennaio 1995)

"Ho antichi ricordi di vicinanza con chi lavora nei campi, anch'io ho lavorato per tre anni in un paese dove ho fatto lavori in campagna perché era il periodo della guerra e mio padre era via".
(*Ansa*, 20 marzo 2001, ore 15.31)

"A prova della mia vicinanza al mondo agricolo c'è il nostro slogan, fate una scelta di... campo".
(*Ansa*, 20 marzo 2001, ore 15.31)

Operaio:
"Sarò un Presidente del Consiglio silenzioso e operoso, un operaio della politica".
(*Ansa*, 11 gennaio 2001, ore 11.38)

Inaugurando i lavori per la costruzione di un ponte sul Po:
"Mi sono definito un presidente operaio, se avete bisogno di braccia forti, chiamatemi. Sono pronto a dare il mio contributo".
(*Ansa*, 15 luglio 2002, ore 14.56)

Imprenditore:
"Io faccio l'imprenditore, credo nell'Occidente, e simpatizzo nel senso etimologico del termine con chi ha le mie stesse idee...".
(Intervista di Enzo Biagi per la trasmissione *Spot*, 1986)

Politico:
"Se come imprenditore valevo dieci, come politico non arrivo a uno".
(*La Repubblica*, 27 ottobre 1994)

"Sono un imprenditore professionista e uno statista dilettante".
(*Ansa*, 29 novembre 2002, ore 16.42)

"La dimensione della politica è stato il liquido amniotico in cui si è sviluppato tutto il mio lavoro".
(*Corriere della Sera*, 5 maggio 1995)

Venditore:
"Una campagna d'immagine è come farsela addosso: un caldo senso di benessere, ma gli altri non se ne accorgono".
(*La Repubblica*, 4 ottobre 1989)

Si spiega meglio:
"La pubblicità deve essere bella ma deve anche far vendere".
(Idem)

Intellettuale:
A Palazzo Grazioli, sede della Presidenza di Forza Italia:
"Io lì ho una cameretta e ho difficoltà anche ad attraversarla visto che è colma di libri".
(*Agi*, 16 gennaio, ore 13.13)

"Citerei Pascoli, se non mi prendessero in giro!".
(*Ansa*, 31 luglio 2001, ore 13.13)
La prima vacanza con Confalonieri e Dell'Utri, passata a
leggere e rileggere i grandi classici:
"Dante, Carducci, Cicerone, Erasmo, e i vangeli in greco e latino".
(*La Stampa*, 4 ottobre 1990)

L'esempio di Erasmo da Rotterdam:
"Ad affascinarmi nella sua opera fu in particolare la tesi centrale della pazzia come forza vitale creatrice".
(*La Stampa*, 26 febbraio 1994)

Scultore:
"Le sculture che fa per noi Pietro Cascella sono frutto di un lavoro comune: credo l'opera d'arte perfetta sia quasi sempre dovuta allo sforzo congiunto di un artista valente e di un committente stimolante ed esigente".
(*La Stampa*, 4 ottobre 1990)

Floricoltore:
"Sto filmando i bulbaggi di molte piante".
(*Ansa*, 9 aprile 2000, ore 19.41)

Metropoli

Roma:
"Questa Roma politica, maestra di intrighi, mah...".
(*La Repubblica*, 23 febbraio 1995)

Milano:
"Finalmente la puntualità meneghina, non come a Roma. Lì la politica fa scorrere parole dopo parole e con le parole non si riesce a combinare nulla".
(*Corriere della Sera*, 21 luglio 1995)

"Tutti sull'attenti! L'inno lo sapete a memoria. Qual è l'inno? 'Mia bela Madunina'?".
(*Ansa*, 8 marzo 2002, ore 12.05)

Napoli:
"Di fastoso c'è Napoli, la cornice. Stamani mi hanno detto: sembra la Svizzera. Forse è ordinata come la Svizzera, di certo Napoli è più bella".
(*La Repubblica*, 8 luglio 1994)

Ricordi:
"Ho cominciato a essere finanziariamente autonomo a quattordici anni, rinunciando alla paghetta settimanale. Fu quando mio padre mi chiese come l'avevo spesa. Fu per orgoglio insomma. Decisi che da quel momento avrei fatto da me".

Come?
"Impartendo ripetizioni. Mi pagavano anche in natura, ho accettato persino uova, che rivendevo a mia madre. A scuola scrivevo i bigini, i riassunti di varie materie, anche quelle che non erano le mie, li facevo ciclostilare e li rivendevo".
(*Europeo*, 8 settembre 1984)

Consigli:
"Se in Comune si presenterà un imprenditore, non ostacolatelo, ma stendetegli un tappeto rosso e suonate le trombe".
(*La Repubblica*, 26 novembre 1995)

Ai quadri e ai dirigenti della Standa, dopo averla conquistata:
"Dovete realizzarvi, divertirvi con il lavoro, essere sereni, in forma, caldi di cuore. Portare il sorriso non solo in ufficio ma anche a casa, perché vostra moglie e i vostri figli vi aspettano ogni sera e se siete soddisfatti e realizzati portate loro il sole".
(*Il Mondo*, 7 novembre 1988)

Ugo, accenda le pompe…

Simpatico, è simpatico. Il 21 settembre 2002, in maglioncino, si presenta in un cantiere palermitano per inaugurare un acquedotto che porterà acqua all'assetato capoluogo siciliano. Prende il radio-telefono e parla all'operaio che deve dare il via alle operazioni.

Berlusconi:
"Ugo, come va?".

Quello, emozionato, saluta.

Berlusconi:
"Quanta acqua ci dà?".

Ugo:
"Trecento litri al secondo".

Berlusconi:
"Ma come, abbiamo pagato per 400 e voi ce ne date 300, com'è questa storia?".

Ugo, dal fondo del pozzo:
"Prima dobbiamo accendere tutte le pompe per arrivare a pieno regime".

Berlusconi:
"Va bene, Ugo, accenda le pompe, mi raccomando non la sigaretta".
(*Ansa*, 21 settembre 2002, ore 18.17)

"Come si dice, 'stamo a fa' un casino'...".
(*Ansa*, 2 aprile 2000, ore 15.19)

"E adesso scusatemi, vado a raccogliere un po' di voti".
(*La Stampa*, 25 febbraio 1996)

Quanto mi sacrifico

In Fininvest

Che pensano di lui i dirigenti Rai, a partire da Biagio Agnes?
"Pensano: 'Chillo ha da murì'".
(*La Repubblica*, 4 ottobre 1989)

Ah, la concorrenza sleale:
**"Il piatto forte di Raidue è una soap opera americana
che si chiama Beautiful. Noi abbiamo un canale, Retequattro, che è quasi esclusivamente dedicato al pubblico
femminile. Francamente non capisco l'utilità di questa
sovrapposizione. La Tv di Stato deve dare i servizi di
una vera Tv pubblica. Perché non trasmette i concerti,
le opere, i corsi dell'università della terza età, invece di
farci questa concorrenza...".**
(*La Repubblica*, 16 maggio 1991)

**"Nelle mie reti Tv c'è il complesso del padrone, e finora
è stato dato più spazio ai miei avversari politici che a me".**
(*Ansa*, 21 febbraio 1994, ore 20.49)

Del resto andare in Tv:
"è un sacrificio enorme".
(*La Repubblica*, 30 ottobre 1995)

ma:
"i miei collaboratori mi avevano fatto notare che nelle

presenze Tv dei leader politici ero tra il ventiduesimo e il ventiquattresimo posto e in questi giorni erano successe cose troppo gravi".
(Idem)

Dalla Fininvest a Palazzo Chigi:
"Ho peggiorato molto la qualità della mia vita".
(*La Repubblica*, 12 ottobre 1994)

E allora perché lo fa?
"Perché? Bè, lo dico alto e forte, lo faccio per il mio Paese".
(Idem)

"Si è verificato, secondo i sondaggi che, ahimè, l'unico leader che può portare il Polo alla vittoria sono io".
(*La Stampa*, 15 dicembre 1995)

"Oggi come oggi l'unico che può dare garanzie di vittoria purtroppo sono io".
(Idem)

"Non ho ambizioni di potere, né adesso né per il futuro. Io mi considero una risorsa a disposizione del Paese".
(*La Stampa*, 30 dicembre 1995)

L'agnello sacrificale:
"Non me l'ha ordinato mica il medico di fare il Presidente del Consiglio. È che nell'ultima riunione del Polo si è deciso, all'unanimità, che purtroppo a Palazzo Chigi ci debba tornare io".
(*La Stampa*, 21 febbraio 1996)

Sia chiaro che:
"Ho rischiato e rischio in questo impegno la mia vita".
(*La Repubblica*, 6 dicembre 1997)

Si lamenta delle minacce di Bossi e di altri politici:
"Mi ha mandato suoi uomini a dirmi che le mie aziende saranno colpite a morte se non lascerò la politica; e che invece se sgombrerò il campo lui si farà garante della lo-

ro salvezza. **Altri politici invece mi hanno detto in faccia che se fossero riusciti a fare un governo di un certo tipo mi avrebbero privato delle mie aziende e delle mie televisioni".**
(*La Repubblica*, 31 dicembre 1994)

Protesta:
"Devo stare a prepararmi tutta la domenica sui giornali, sui documenti; mi tocca saltare la cena con i figli... sono vittima di una campagna di odio che mi addolora, è pericolosa, mi fa male. Una campagna di menzogne, bugie, calunnie".
(*La Repubblica*, 18 ottobre 1994)

"Quando sono sceso in campo il mio era il secondo gruppo italiano e fatturava 13 mila miliardi. E questo fa capire il sacrificio di chi si distacca dalla propria impresa per l'impegno politico".
(*Ansa*, 2 luglio 1997, ore 19.37)

Auspica:
"C'è Retequattro che sostiene il governo e c'è Canale 5 che è critico, come Funari, che è molto critico nei nostri confronti... desidererei più simpatia".
(*La Repubblica*, 12 ottobre 1994)

Per chi non l'avesse capito:
"In realtà, bisognerebbe fare una legge per tutelare il mio gruppo dal fatto che mi occupo della cosa pubblica. Abbiamo dovuto vendere l'Euromercato perché in certe zone governate da certa parte politica la gente non ci andava più. Hanno ricominciato ad andarci quando l'Euromercato è passato di mano. La Standa non ottiene più una licenza da nessuna amministrazione, nemmeno da quelle di Forza Italia, terrorizzate d'essere accusate di favoritismo... Mio fratello ha un'azienda che fabbrica residenze e nessun ente le compra più... Gli enti pubblici non danno più pubblicità alle Tv Fininvest per non incorrere in sospetti".
(*La Repubblica*, 25 settembre 1995)

A questo punto:
"Ho dato mandato al consiglio d'amministrazione della Fininvest di vendere le televisioni. Cos'altro posso fare? La realtà è che io continuo a credere che vogliano distruggere le aziende Fininvest".
(*La Repubblica*, 22 marzo 1995)

Come vede le intenzioni dei nemici:
"Tu fai opposizione troppo forte, non mi piace, e allora guarda che corri il rischio che io assalti il tuo patrimonio, ti tolgo la casa, i conti in banca, e via di questo passo. Questo ci preoccupa grandemente... Vogliono mandare Emilio Fede in cielo, vogliono chiudere Rete 4, un presidio di libertà, se non è un disegno chiaro...".
(*La Repubblica*, 13 novembre 1996)

Piange:
"E anche sulle reti Fininvest, dove c'è il complesso del padrone, si dà più spazio alle sinistre. Con la sola e, tra virgolette, eroica eccezione di Emilio Fede. Altro che favorito! Se avete ancora un minimo di amore per la verità dovreste ammetterlo".
(*La Repubblica*, 1 marzo 1994)

"Succede che molto spesso al fine di dimostrare a tutti che non c'è alcuna preferenza o vicinanza nei miei confronti e nei confronti della mia parte politica, a Mediaset si finisce per penalizzare sia l'editore Berlusconi, sia la parte politica di Berlusconi al di là di quello che accadrebbe, ove non ci fosse nessun legame tra me e Mediaset".
(*La Repubblica*, 23 novembre 1997)

È il periodo del governo Prodi... e Berlusconi:
"Tutto ciò che viene fatto dal Governo e che riguarda la maggioranza viene esaltato, celebrato, a volte addirittura con servilismo. Tutto ciò che riguarda l'opposizione viene diminuito, viene distorto".
(Idem)

Confessa:
"Ma quando uno è aggredito da tutte le parti, quando è costretto a difendere quello che ha costruito con l'impegno delle idee, anche il Milan passa in secondo piano".
(*Corriere della Sera*, 12 giugno 1993)

Sicuro:
"Se avessi combinato io un decimo di quello che ha combinato Prodi, sarei stato pubblicamente linciato. Me lo lasci dire: fui trattato molto, ma molto peggio. Ma lasciamo perdere. Parliamo di cose più serie".
(*Corriere della Sera*, 13 marzo 1997)

Che c'entro io?

Nell'autunno 1995 si guastano i rapporti con la sinistra, dopo che *Il Giornale*, diretto da Vittorio Feltri, di proprietà di Paolo Berlusconi, fratello del Cavaliere, spara una campagna sugli appartamenti degli enti dati in affitto ai politici. Vengono messi nel tritacarne Massimo D'Alema e Walter Veltroni. Berlusconi fa il vago:
"Tutto è cambiato con affittopoli, sono convinto che è andata così. Ma non avevo intenzione di specularci su, Feltri è un uomo indipendente e ha fatto la sua campagna di stampa, cosa potevo farci? Non ho mai dato calci negli stinchi, semmai li ho presi".
(*Corriere della Sera*, 6 ottobre 1995)

Da solo contro tutti

"Se scenderò in campo direttamente sarò il più svantaggiato di tutti i soggetti politici. Ogni telespettatore avrà il sospetto di un'informazione truccata e questa sarà la mia più grande difficoltà".
(*La Stampa*, 30 dicembre 1993)

"So benissimo che se qualcosa in qualche modo porta

un vantaggio infinitesimo a una mia azienda, ciò si traduce in uno svantaggio enorme per me, perché mi accusano di averlo preordinato. Ma non sono così ingenuo: non mi incastrano".
(*La Stampa*, 18 dicembre 1995)

"Trovatemi una segretaria, un telefonista, se ci riuscite, che vi dica che Berlusconi a Palazzo Chigi si occupò di Fininvest".
(*La Stampa*, 21 febbraio 1996)

"Dire che io utilizzo la mia posizione di leader politico per interessi personali è negare il disinteresse e la generosità che mi appartengono. Ma tanto so benissimo che qualunque facilitazione per qualunque impresa dovrebbe recare, secondo la sinistra, la dicitura 'naturalmente la disposizione non vale per le imprese che facciano in qualche modo riferimento a Berlusconi'".
(*La Stampa*, 15 dicembre 1995)

"Fini sta facendo bene la parte del padre nobile della coalizione. Tanto i fulmini li prendo tutti io, mi fa piacere...".
(*La Stampa*, 3 settembre 1994)

"Prima di andare a dormire mi faccio il segno della croce. E ogni mattina, quando mi sveglio, prego Dio di essere ancora vivo con quello che sto passando".
(*Ansa*, 23 ottobre 1995, ore 16.42)

Il passo indietro:
"In fondo in fondo, mi piacerebbe solo fare il consulente dell'azienda Italia. Se qualcuno me lo chiedesse...".
(*Corriere della Sera*, 25 aprile 1995)

Invece:
"Passi indietro ne ho già fatti fin troppi. Adesso è il momento di fare passi avanti, altroché. Sono stato costretto a scendere in politica, adesso sono condannato a continuare, e ridiventare Presidente del Consiglio, a vince-

re per salvare questo Paese".
(*La Repubblica*, 5 marzo 1995)

"Ma quale passo indietro: io ne farò due in avanti".
(*La Repubblica*, 11 ottobre 1995)

Manovre di palazzo contro il governo? Congiure?
"Non ne vedo. Sarò un sempliciotto ma io non credo alle regìe, ai complotti".
(*La Repubblica*, 26 novembre 1994)

Dopo il ribaltone:
"E finalmente l'11 giugno si voterà: ma per i referendum. Eh sì, hanno scelto proprio la data nella quale Scalfaro mi aveva promesso le elezioni politiche... M'hanno fatto anche questa...".
(*La Repubblica*, 31 marzo 1995)

L'inciucio:
"Mi sento sottovalutato quando mi si dice che dietro la mia scelta di trattare con D'Alema ci sono ragioni personali, Mediaset o la giustizia. Se fosse vero, sarei uno stupido a concedere ai miei avversari un'arma così terribile. Ma veramente uno può fare il Presidente del Consiglio, come ho fatto io, avere il senso dello Stato, sentire l'inno di Mameli, senza capire che la sua sfera privata deve essere messa da parte?".
(*Corriere della Sera*, 28 gennaio 1996)

"Il primo ministro è ostaggio di tutti. E raramente può fare ciò che vuole. Gianni Letta, poi, è il mio padrone assoluto. Sono costretto ad una serie di impegni, anche 30 al giorno...".
(*Ansa*, 10 aprile 2002, ore 13.57)

Santa pazienza

Berlusconi ricorda la dura battaglia dell'estate del 1994 sulla giustizia. Il decreto "salvaladri", il "colpo di spugna",

varato mentre l'Italia intera era distratta dalle partite degli azzurri, dopo uno scontro interno alla maggioranza e in particolare con la Lega, viene ritirato, ma il governo è salvo, anche se per pochi mesi ancora:
"Io ho risolto una brutta situazione facendomi carico di tutto, con un senso di responsabilità enorme. Mi sento un po' eroe: del buon senso e della tolleranza, ma anche della pazienza. Perché le garantisco che ce n'è voluta tanta, proprio tanta. Dovrebbero darmi una medaglia…".
(*La Stampa*, 25 settembre 1995)

Berlusconi costruttore:
"Milano due è un esempio di urbanistica: ebbene, dopo averla costruita, siamo stati trattati da brigatisti dell'edilizia".
(*Il Mondo*, 20 novembre 1981)

Berlusconi e il business delle Tv:
"Forse ho scelto male ad imboccare la strada della televisione come attività principale. Sono nelle mani dello Stato, del Principe. Da anni con il cappello in mano di fronte al Principe che non dà certezze".
(*La Repubblica*, 27 ottobre 1993)

Le mie fatiche:
"La mia segreteria mi ha detto che nell'ultima settimana ogni giorno ho lavorato 17 ore, fatto 32 telefonate, avuto 23 incontri. La stampa dovrebbe avere più rispetto di uno che si sacrifica come me per l'interesse di tutti senza avere il minimo interesse personale".
(*La Repubblica*, 4 dicembre 2002)

Un perseguitato. Come Madre Teresa...

"Accusare di corruzione me è come arrestare Madre Teresa di Calcutta perché una bambina del suo istituto ha rubato una mela".
(*La Stampa*, 28 ottobre 1995)

Nella Basilica di Sant'Antonio a Padova:
"Mi possono accusare di tutto, anche di rubare la tromba dell'Angelo".
(*Ansa*, 27 aprile 2001, ore 20.49)

"Dicono che io rappresenti un'anomalia. Ma anche una bella donna è un'anomalia, anche uno alto un metro e 95, nessuno però chiede la galera per loro".
(*Corriere della Sera*, 9 giugno 1994)

Dopo un avviso a comparire del Pool di Milano:
"Questa mattina i giornali hanno celebrato i funerali della cara salma, ma io sono più vivo che mai".
(*La Stampa*, 26 novembre 1995)

"Per quel che mi riguarda, non soffro di cali dell'etica".
(*La Repubblica*, 24 settembre 1991)

Il Feldmaresciallo:
"Vi posso assicurare che non temo l'arresto, non c'è nulla che può scalfire la mia sicurezza e anzi penso di non avere il petto abbastanza largo per contenere tutte le

medaglie che merito per quello che ho fatto al Paese".
(*La Repubblica*, 17 ottobre 1997)

Giura:
"Ve lo giuro sui miei figli: questo decreto non è stato fatto per nessuno della mia nidiata".
(*La Stampa*, 20 luglio 1994)

Rigiura:
"Sono pronto a giurare di nuovo sui miei figli che delle vicende oggetto delle indagini giudiziarie io non sapevo nulla".
(*La Repubblica*, 23 maggio 1995)

Conferma:
"Se uno non fosse certo della propria innocenza, potrebbe tirare in ballo le cose più care?".
(*La Repubblica*, 15 ottobre 1995)

Ci ripensa:
"Preferisco non fare giuramenti di cui ho dato pessimo spettacolo in passato".
(*Corriere della Sera*, 29 maggio 1998)

"Posso dirvi che se tutte le aziende fossero state gestite come la Fininvest, in Italia non ci sarebbero problemi di moralità pubblica. Certo se in una grandissima azienda, in una montagna, si vuole trovare uno spillo fuori posto, prima o poi lo si trova".
(*La Repubblica*, 28 luglio 1994)

Dopo quello famoso di Scalfaro sui fondi neri dei servizi, arriva un altro: "Non ci sto", questa volta da Di Pietro, indagato a Brescia. Commento di Berlusconi:
"Ma scusate, devo starci soltanto io?".
(*Corriere della Sera*, 11 luglio 1997)

La P2

"L'ho detto un miliardo di volte e lo ripeto. Io con la P2 non ho combinato proprio niente. Mi proposero questa iscrizio-

ne e mi mandarono per posta una tessera. Venivo nominato aspirante muratore. Aspirante muratore a me? A me che ero uno dei più grandi costruttori lombardi? Ma fatemi il piacere. Rispedii la tessera e mandai i massoni a quel paese. E questa è stata tutta la mia torbida vicenda con la loggia segreta: roba vecchia e stravecchia di oltre dieci anni".
(*La Stampa*, 12 febbraio 1994)

"Fu un incidente senza colpa: Gelli godeva di grande credito e prestigio, la P2 appariva come un club che raccoglieva gli uomini migliori d'Italia".
(*La Repubblica*, 22 febbraio 1994)

"L'ho spiegato cento volte. Ho preso quella tessera ma non sapevo, non potevo sapere. E adesso basta: se era una associazione per delinquere lo dovrà dire la magistratura. Non vedo l'ora".
(*La Stampa*, 9 marzo 1994)

"Gervaso mi andava dicendo che Gelli era introdotto presso le autorità politiche argentine, e che in Argentina si doveva sviluppare una grande serie di lavori pubblici".
(*La Repubblica*, 20 novembre 1993)

La mafia

"È una cosa che fa male a tutti sentir dire che l'Italia è famosa nel mondo prima per la mafia, e poi per la pizza...".
(*L'Unità*, 12 ottobre 1995)

"Quanti sono gli italiani mafiosi rispetto a quei 57 milioni di cittadini? E volete che quel centinaio di persone diano la loro immagine negativa a tutti gli altri?".
(*La Stampa*, 16 ottobre 1994)

Sui giudici che indagano sulla Fininvest

"Il problema è che questi hanno la sindrome del Vietnam:

a forza di ammazzare tutti, se non ne ammazzano uno al giorno non sanno più vivere. La logica politica? Vogliono mettere al posto mio chi vogliono loro".
(*La Stampa*, 23 novembre 1994)

"Colombo vuole rivoltare la Fininvest come un calzino. Non passa giorno che i carabinieri non si facciano vivi in una nostra filiale, sede di società, uffici. Dovremo mettere una buvette per buona ospitalità".
(*La Stampa*, 9 marzo 1994)

Su Borrelli:
"Dux dell'italica nazione", "novello Mussolini".
(*Corriere della Sera*, 15 maggio 1998)

Sui giudici milanesi:
"Calunniatori ed eversori da punire".
(*La Repubblica*, 16 ottobre 1995)

"Con le organizzazioni criminali ho rapporti come con la Luna".
(*La Stampa*, 31 marzo 1996)

"Quando ero a Palazzo Chigi, un certo giorno, c'è stata una riunione dove si è detto: questo è troppo bravo, questo lo dobbiamo buttare giù... La storia lo dirà".
(Idem)

"Io non ho scheletri nell'armadio".
(Lettera al *Corriere della Sera*, 22 maggio 1996)

"Non ho e non avrò condanne per bancarotta né per falso in bilancio, a meno che la giustizia non diventi un sommario espediente per l'eliminazione dell'avversario politico".
(Idem)

Eccoli, i fondi neri...

Il 17 gennaio 1996 passa con giornalisti e curiosi un'ora di pausa in un processo al palazzo di giustizia di Milano dove è imputato. Poco prima, vedendo i giornalisti in aula sistemati in una gabbia, non si lascia sfuggire l'occasione. **"Finalmente siete a posto, così capite cosa sarebbe successo se fosse andato avanti un certo progetto".** (*Ansa*, 17 gennaio 1996, ore 13.36)

Al bar, guardando il fondo della tazza: **"Eccoli, i fondi neri...".** (Idem)

Non dice di no a una diretta Tv sul processo, poi divaga: **"Peraltro io sono abituato ad essere un uomo pubblico. Sono abituato alla Tv. Anche quando mi faccio la barba è come se ci fosse una telecamera che mi riprende. Per me, ormai, è un fatto naturale".** (*Ansa*, 17 gennaio 1996, ore 13.38)

Prodi ha ricevuto un invito a comparire dalla magistratura: **"Io sono un esperto di avvisi di garanzia, potrei dargli qualche suggerimento, visto che è alle prime armi. Non si scoraggi: andando avanti potrà fare esperienza".** (*La Stampa*, 25 febbraio 1996)

"Non ho più fatto opere pubbliche proprio per non sottostare a certe richieste". (*La Stampa*, 6 febbraio 1993)

Mai fiutato le tangenti, cavalier Berlusconi? **"Altro che fiutate, me le hanno chieste".** (Idem)

"Vogliono farmi fuori, farmi fare la fine di Craxi: ma io resterò qui, a costo di andare in carcere". (*La Repubblica*, 30 maggio 1998)

I soliti sospetti

Nel gennaio 2003 la Cassazione è chiamata a decidere

sulla richiesta di trasferimento del processo Sme da Milano a Brescia in base alla nuova legge Cirami sul legittimo sospetto. Berlusconi pronostica:
"Ho tante possibilità di essere condannato quante di diventare comunista!".
(*La Repubblica*, 28 gennaio 2003)

Comunque
"Io ho assolutamente fiducia nell'operato della Cassazione, questa fiducia nei confronti della suprema corte non è mai mancata".
(Idem)

Ma la Cassazione, il giorno dopo, boccia la richiesta dei suoi avvocati. E allora:
"In una democrazia liberale nessuno è al di sopra della legge, e dunque le sentenze si rispettano come si rispetta la presunzione d'innocenza degli imputati. In una democrazia liberale i giudici applicano la legge, non fanno 'politica' e non fanno 'resistenza' a chi è stato scelto dagli elettori per governare...
Il governo è del popolo e di chi lo rappresenta, non di chi avendo vinto un concorso ha indossato una toga, ha soltanto il compito di governare".
(*Agi*, 29 gennaio 2002, ore 16.35)

Il giorno dopo:
"È chiaro che, se dovesse riprodursi una situazione come quella del 1994, non ci sarebbe nessuna esitazione da parte nostra a ritornare agli elettori".
(*Ansa*, 30 gennaio 2002, ore 20.34)

"Se parlo di qualcuno è solo per dirne bene".
(*La Repubblica*, 27 gennaio 1992)

A

Agnelli

"Quando si va da Agnelli bisogna inginocchiarsi perché lui è il Principe".
(Dal libro di Alan Friedman, *Ce la farà il capitalismo italiano?*, 1989)

"Agnelli è il principe della seduzione. Forse, è l'unica persona che mi abbia completamente sedotto".
(*Europeo*, 3 marzo 1990)

"Anziché l'immagine della Madonna, sul comodino tenevo la foto di Agnelli".
(*La Repubblica*, 26 ottobre 1994)

Il Cavaliere insiste nella sua furente battaglia anticomunista. **"Ho chiesto a Gianni Agnelli, che ormai vive nel limbo e che invano ho cercato di scuotere, che ne sarebbe di noi se vincesse Achille Occhetto. Lui ci ha pensato un po' e poi mi ha risposto: '*Le nostre imprese varrebbero il 30 o 40 per cento di meno*'. E dopo una breve pausa ha**

aggiunto: *'E anche così chi se le comprerebbe?'"*.

Un cronista raggiunge per telefono Agnelli, che spiega: *"Ah, sì, Berlusconi. Mi hanno riferito, ma non mi pare che ci sia nulla da commentare. Durante un cocktail party si dicono molte cose: e il risultato dipende dal numero dei bicchieri che uno ha bevuto".*
(*La Repubblica*, 13 marzo 1994)

Agnelli su Berlusconi alla vigilia delle elezioni del 1994: *"Se vince, vinciamo tutti. Se perde, perde lui solo".*
(*La Repubblica*, 29 aprile 1994)

Per Berlusconi si trattava però solo di voci maligne:
"L'Avvocato mi smentì non una ma due o tre volte di aver mai pronunciato quella frase, e io sono sicuro che è così".
(*La Stampa*, 25 gennaio 2003)

Nel governo Dini entra la sorella dell'Avvocato Susanna Agnelli...
"Quando ho fatto il mio governo ho supplicato inutilmente l'Avvocato affinché mi indicasse qualche nome. Niente. E adesso trovo un Agnelli in questo governo. È un tradimento".
(*La Repubblica*, 18 gennaio 1995)

Agnelli dice che se passa la manovra senza i voti del Polo, sarà cosa 'disdicevole'. Berlusconi si copre il volto con la sciarpa e dice:
"Oddio, mi toccherà andare in giro così".
(*La Repubblica*, 8 marzo 1995)

"Al senatore Agnelli, che nell'intervista al *Corriere* sostiene che se il Polo avesse un buon candidato per la Presidenza del Consiglio sarebbe meglio per tutti, anche per me, rispondo con i dati: purtroppo il senatore non è informato su cosa pensa la gente".
(*La Stampa*, 21 febbraio 1996)

"Mi dispiace per Agnelli, ma un altro candidato non c'è".
(*Ansa*, 5 marzo 1996, ore 21.17)

Alleati

Allearsi con Lega, CCD e altri?
"Ci ho pensato a lungo per notti intere, a guardare il soffitto, il petto gonfio d'angoscia. Perché io sono sempre stato un lupo solitario".
(*La Repubblica*, 13 febbraio 1994)

Le manifestazioni della Lega?
"Il 15 settembre non andrò sul Po perché ho i reumatismi".
(*La Repubblica*, 7 settembre 1996)

Alleati chiacchieroni:
"Ho ipotizzato una tassa sulle chiacchiere, per mettere un argine alla vivacità spumeggiante…".
(*La Stampa*, 11 settembre 1994)

Sul CCD di Casini e Mastella che parla di governi di larghe intese:
"Se non sono d'accordo con me, ne traggano le conseguenze. Agli alleati io dirò: signori, le cose stanno così. E se non gli piace, si accomodino".
(*La Repubblica*, 16 ottobre 1995)

E che si lamenta per la sconfitta elettorale alle amministrative:
"Ma per fortuna le prefiche sono poche…".
(*La Repubblica*, 10 maggio 1995)

Dichiarazione d'amore:
"Il Polo sta e starà benissimo, nessuna frattura, solo uno stiramento. Io amo tutti gli alleati alla stessa maniera…".
(*La Repubblica*, 14 febbraio 1997)

Amato

"Sta facendo il meglio possibile. Con la situazione politica che c'è, con i cambiamenti e i terremoti in corso, a

me pare che dobbiamo essere tutti grati al presidente Amato e ai suoi collaboratori".
(*La Stampa*, 6 febbraio 1993)

Basta **"continue conferenze stampa, convegni o presentazioni di libri: non farò la ballerina come l'attuale Presidente del Consiglio"** (Amato, nda).
(*Ansa*, 11 gennaio 2001, ore 11.38)

B

Berlinguer Luigi

Vuole **"manipolare i cervelli e le coscienze dei giovani"**.
(*Corriere della Sera*, 6 novembre 1997)

Bindi

"La Bindi e Prodi sono come i ladri di Pisa: litigano di giorno per rubare insieme di notte (oh, mi raccomando, è una metafora...)".
(*Corriere della Sera*, 29 settembre 1996)

Biondi

"Dopo il terzo whisky aumenta in simpatia".
(*La Repubblica*, 29 novembre 1994)

Biondi dice che lei non è una cima...
"He, he, he... Alfredo, a cui mi lega una sincera amicizia, non ha detto così. Ha detto che Berlusconi non è una cima perché ripete le cose quattro volte. È vero. Le ripeto a lui che fa fatica a capirle".
(*Il Messaggero*, 4 febbraio 1995)

Bossi Rosa (la mamma)

"Porta quel cognome, ma è una persona squisita".
(*La Repubblica*, 22 dicembre 1994)

Buttiglione

"È ondivago, ha destato tante perplessità".
(*La Repubblica*, 9 aprile 1995)

Sull'imitazione fatta da quelli del Bagaglino:
"Con gli occhi spalancati e la linguetta fuori: ormai ogni volta che vedo Rocco mi viene da ridere, non so resistere".
(*Corriere della Sera*, 7 marzo 1997)

C

Ciampi

Alla fine del 1993 il Presidente del Consiglio è Carlo Azeglio Ciampi. Il suo governo vara un decreto che assegna 500 miliardi di lire alla Rai. Berlusconi va su tutte le furie, lo accusa di essere di parte, di favorire il PDS, di far pagare agli italiani i debiti della Rai lottizzata:
"Il Presidente Ciampi, nella sua curiosa veste di capo di un governo eletto dalla vecchia maggioranza quadripartita e premier designato dal cartello delle sinistre, ha detto di voler garantire un trattamento uguale alle diverse forze in competizione per le elezioni di primavera. Se questa è la par condicio, c'è poco da stare allegri…".
(*La Stampa*, 29 dicembre 1993)

La verità è un'altra…
"La verità è che la stangata di 500 miliardi varata per decreto e in tutta fretta a protezione di quella che sta avviandosi a diventare una gigantesca Raitre, mostra agli italiani qual è il vero conflitto che dovranno dirimere con

il loro voto: il conflitto tra il libero mercato e lo spreco assistenziale di Stato eretto a sistema per fini di parte".
(Idem)

Dopo aver vinto le elezioni del 1994 accusa la precedente gestione dei conti pubblici e dell'economia. Non è difficile individuare nelle parole di Berlusconi l'identikit del Presidente della Repubblica:
"Sto guardando dentro i conti dello Stato: c'è da sentirsi male, bisogna fare un'inversione di tendenza, frenare la spesa pubblica ormai uscita dal controllo. È una situazione che penalizza soprattutto chi non può scegliere. Comunque, sarà difficile fare peggio di chi ci ha preceduti".
(*Ansa*, 10 aprile 1994, ore 14.18)

Un riferimento che può valere anche per Giuliano Amato, Presidente del Consiglio nel 1992-1993, prima del governo Ciampi. (Vedi Amato)

Cofferati

"È simpatico".
(*Ansa*, 31 maggio 2002, ore 19.24)

"Cofferati tornerà al tavolo del negoziato? Sì, per fare colazione...".
(*Ansa*, 4 giugno 2002, ore 14.14)

Sull'accoppiata elettorale con Prodi:
"Sono assolutamente sereno e, come diceva sempre il mio dentista, io ora dico: avanti il prossimo".
(*Ansa*, 4 giugno 2002, ore 14.28)

Cossiga

"Francesco Cossiga? Da parte nostra porte aperte, per carità. Ma vedo in giro molto velleitarismo, molti generali

in pensione che non hanno truppe alle spalle".
(*Panorama*, 27 novembre 1997)

Craxi

"Bettino è uno che ce l'ha nel sangue la vocazione al comando. Essere suo amico è un lavoro, un vero lavoro".
(*La Stampa*, 4 ottobre 1990)

"Io ho sempre manifestato il mio apprezzamento verso certi valori del partito socialista, e verso Craxi come uomo politico e di Stato. Non ho giustificato la mia amicizia per lui: l'amicizia non si deve mai giustificare".
(*Corriere della Sera*, 6 luglio 1996)

D

Dell'Utri

"Ha una sola colpa quest'uomo: senza di lui Forza Italia non sarebbe nata".
(*La Repubblica*, 8 maggio 1999)

Dini

"Con Dini non ci sono problemi: è una persona correttissima, ho un buon rapporto".
(*La Repubblica*, 25 febbraio 1995)

Dini candidato premier del centrodestra?
"Dini, perché no? Sono stato io a scegliere Dini che era direttore della Banca d'Italia, come ministro del Tesoro, e credo che sia stato un ottimo ministro e che adesso sia un buon Primo ministro. Oggi lo riproporrei".
(*Corriere della Sera*, 3 marzo 1995)

"Sì, sono convinto che Dini potrà rendere grandi servigi

al Paese".
(*La Repubblica*, 3 settembre 1995)

"Dini l'ho inventato io. Ammetto: è stata la peggiore invenzione della mia vita, ma per fortuna non arriverà al 4 per cento".
(*La Stampa*, 24 marzo 1996)

Di Pietro

"È un moderato. E se decidesse di entrare in politica l'area moderata, e quindi tutto il Paese, ne trarrebbe vantaggio…".
(*La Repubblica*, 27 marzo 1995)

F

Fini

"Siamo sempre stati in contatto telefonico per tutta l'estate. Certo con Fini è stato più difficile, era sempre sott'acqua. Ma ogni tanto emergeva…" .
(*Ansa*, 30 agosto 2002, ore 18.14)

"Gianfranco Fini? Non è più a destra di Jacques Chirac".
(*Ansa*, 6 marzo 1994, ore 20.37)

"Lui farmi le scarpe? Ci hanno provato in tanti".
(*La Repubblica*, 4 marzo 1995)

"Che cosa sarà mai Fini senza il Polo?".
(*Corriere della Sera*, 28 gennaio 1996)

"E poi, dove andiamo noi se si rompe l'unità del Polo? Ma soprattutto: dove va Fini senza di noi?".
(*La Repubblica*, 8 maggio 1999)

Alla mamma di Gianfranco Fini:

"È quasi più bella di suo figlio... signora, perché non viene a cena da me, insieme a Gianfranco, una di queste sere, quando sono a Roma? Così, magari, lei ci mette le mani sulla testa e ci dice di fare i bravi e di andare sempre d'accordo".
(*Ansa*, 26 ottobre 1997, ore 15.28)

G

Gargani

"Un combattente per la libertà".
(*La Repubblica*, 8 maggio 1999)

Gheddafi

"Signori, è da 33 anni alla guida del governo... gliel'ho detto, lei è un vero professionista super, io sono solo un dilettante".
(*Corriere della Sera*, 29 ottobre 2002)

I

Industriali

"In Confindustria vanno quelli che è meglio non tenere in azienda. Quelli davvero bravi hanno altro da fare".
(*La Repubblica*, 11 marzo 1994)

"In tutta la mia vita sono stato considerato dall'establishment italiano come quello che disturba gli unici manovratori autorizzati, l'uomo pericoloso che mette a repentaglio gli equilibri cristallizzati, invade ambiti consolidati e minaccia interessi che si ritiene non possano essere scalfiti nel tempo. In breve, sono l'outsider italiano".
(*La Repubblica*, 24 gennaio 1997)

Nel gennaio del 1993 la mente di Berlusconi sta già accarezzando la mitica discesa in campo. Durante i lavori del direttivo di Confindustria, il Cavaliere dice la sua.

"Questo ceto politico va rinnovato. E noi industriali dobbiamo rimboccarci le maniche. Altrimenti che senso ha continuare a lamentarci dei cattivi politici?".
(*La Repubblica*, 20 gennaio1993)

Finito il dibattito, i big dell'industria fanno quattro chiacchiere e Berlusconi insiste:
"Mi sembra che tutti, qui in Confindustria, ci preoccupiamo della crisi del paese. Ma anche noi imprenditori dovremo partecipare responsabilmente a trovare nuovi protagonisti politici. Non possiamo piangere sulla politica, quando poi nessuno partecipa".
(Idem)

Cesare Romiti e Carlo De Benedetti lo guardano.
Berlusconi: **"Dai, Cesare, impegnati tu. E anche tu, Carlo".**
(Idem)

Romiti: *"Ma Silvio caro, ti dai tanto da fare solo perché vorresti che noi dicessimo: fallo tu".*
(Idem)

Berlusconi: **"No, io ho già tanti problemi".**
(Idem)

M

Maroni e la Pivetti

"Io sarò anche un mediocre, ma sento nomi da far venire i brividi. Uno di un picchettatore, uno di persona che è poco più di uno scolaro".
(*La Repubblica*, 24 novembre 1994)

Martino

"Indossa il pigiama a righe prima di farsi il sonnellino pomeridiano, un pigiamone che si passano di padre in figlio".
(*Corriere della Sera,* 7 marzo 1997)

Mastella

"Clemente dici che ti trattiamo come un facchino, ma non è vero, ti ho coccolato e vezzeggiato a pane, burro, marmellata e ricchi menù…".
(*La Repubblica,* 1 agosto 1996)

Moratti Letizia (lady di ferro tipo Thatcher)

"Grazie Margareth".
(*Ansa,* 19 aprile 2002, ore 19.52)

P

Palermo, giudici di

"Palermo non indaga, trama!".
(*Corriere della Sera,* 17 gennaio 1996)

Pannella

Berlusconi:
"Mi hai scritto anche quattro lettere al giorno… non l'aveva fatto nemmeno la più cara delle mie fidanzate".

Pannella:
"Ah sì… vuol dire che le tratti meglio".
(*La Repubblica,* 18 febbraio 1995)

Pera

A Marcello Pera, che si lamenta (*"Tu, Silvio, non mi dai mai retta"*):
"Io ti do retta quando dici le cose giuste".
(*La Repubblica*, 1 luglio 1997)

Prodi

"Sono vent'anni che faccio il giro d'Italia in pullman, io. Mica come qualche replicante in queste ultime ore".
(*La Repubblica*, 26 febbraio 1995)

"Per ora è un signore che si è autocandidato, per ora è soltanto un simpatico ciclista".
(*La Repubblica*, 3 marzo 1995)

"La sinistra è al colmo del ridicolo, si attacca alla faccia larga e pastosa di un dottor Balanzone... ero indeciso tra Balanzone e fra' Giocondo".
(*La Repubblica*, 31 marzo 1995)

"Uomo del vecchio sistema" e ai vertici dell'IRI **"lottizzatore per conto di De Mita"** e ora non altro che **"una protesi di D'Alema".**
(*La Repubblica*, 14 aprile 1996)

"Prodi è un burattino nelle mani di D'Alema".
(*La Repubblica*, 3 settembre 1995)

"Ha la stessa religione statalista e dirigista dei comunisti".
(*La Repubblica*, 9 aprile 1995)
"Era presidente dell'IRI, ha contribuito al dissesto dello Stato".
(*Corriere della Sera*, 29 settembre 1996)

Cosa invidia di Prodi?
"La sua bicicletta e il tempo per usarla".
(*Ansa*, 5 marzo 1996, ore 21.32)

Davanti ad una platea di donne del Polo, imitando la cadenza emiliana di Romano Prodi:

"L'ho sentito l'altra sera in Tv che diceva... dobbiamo lavorare tutti insieme. Questa sarebbe la sua ricetta economica. Risibile. Siamo a livelli di comicità pura".
(*La Stampa*, 11 marzo 1995)

Confronto all'Unione Commercianti di Milano.
Prodi a Berlusconi:
"Io sono più svelto".
Berlusconi a Prodi:
"Ma sono le idee che contano, non i distintivi".
Prodi a Berlusconi:
"Appunto".
(*La Stampa*, 4 ottobre 1996)

"Se Prodi smette di dire bugie su di noi, noi smetteremo di dire la verità su di lui".
(Idem)

Prodi sente al telefono Berlusconi e riferisce di averlo sentito 'triste'...
"Lo credo, mi ha telefonato due ore dopo la morte della zia... È la zia che mi ha allevato da piccolo, quella che assomigliava di più a mio papà. Come potevo avere una voce allegra?".
(*La Repubblica*, 10 febbraio 1995)

Prodi a Berlusconi:
"Come sta?".
Berlusconi a Prodi:
"Ma dai, Romano, in privato diamoci del tu".
(*La Repubblica*, 26 marzo 1996)

Contro il governo Prodi:
"Ci stiamo trasformando in un paese senza bollicine, senza verve e senza sprint... Il governo sta gestendo la recessione e il declino dell'Italia, per la prima volta dal dopoguerra stanno calando anche i consumi alimentari".
(*La Repubblica*, 4 ottobre 1996)

R

Rutelli

"Rutelli dopo il 13 maggio dovrà fornirsi di barba e baffi finti per andare in giro in Italia perché le bugie sono davvero troppe".
(*Ansa*, 11 maggio 2001, ore 20.31)

S

Scalfaro

"D'altra parte, Scalfaro da magistrato ha fatto fucilare una persona, invocandone contemporaneamente il perdono come cristiano. Beh, l'uomo è questo".
(*La Repubblica*, 18 gennaio 1995)

"Passerà alla storia come il presidente democristiano che ha consegnato l'Italia alla sinistra. Di lui negli archivi della Repubblica italiana rimarrà un'immagine a pezzi".
(*La Repubblica*, 5 marzo 1995)

Sinatra

"Che voce! Pensando con quale forza canta a settant'anni, stamani mentre facevo footing ho deciso di correre per dieci minuti in più".
(*Ansa*, 28 settembre 1986, ore 19.00)

T

Tajani

L'alba di Forza Italia:
"La prima telefonata fu per Antonio, al quale chiesi: 'Sei ancora agli ordini? Qui però devi lasciare tutto'. Tajani prese

l'aereo e venne ad Arcore. Lasciò davvero tutto, lavoro, famiglia, perché per alcune settimane vivemmo insieme...".
(*Ansa*, 16 febbraio 2001, ore 21.15)

"... beh, capitemi bene. Perché gli altri appena si dice qualcosa prendono lo spunto per attaccarti".
(Idem)

"Quando decisi di scendere in campo lui era capo della redazione romana del *Giornale*. Gli dissi: 'Antonio, è venuta l'ora'. Lui mi rispose: 'Agli ordini comandante'".
(*Ansa*, 6 aprile 2001, ore 14.21)

A sostegno di Antonio Tajani, candidato sindaco di Roma:
"È uno dei cinque alfieri che hanno creduto fin dall'inizio in Forza Italia, è la personificazione della trasparenza e della lealtà. Antonio, comincia con i fiori a cambiare il volto di Roma. I fiori sembrano una spesa inutile, ma io ti dico parti dai fiori, rendi più bella la vita di Roma, perché il morale della gente è importante".
(*Il Messaggero On line*, 23 maggio 2001)

"Un soldatino leale e coraggioso di Forza Italia. Un gioiello di Forza Italia".
(*Ansa*, 22 maggio 2001, ore 21.15)

Tajani sindaco, Angelilli vice?
Ecco "la coppia vincente sulla ruota di Roma".
(*Ansa*, 12 maggio 2001, ore 00.12)

Tremonti

"Tremonti è il nostro genio, lui è la nostra speranza".
(*Ansa*, 3 aprile 2002, ore 12.58)

"Grazie a Dio, abbiamo la capacità creativa di Tremonti".
(*Radiocor*, 17 gennaio 2003, ore 19.55)

Tifosi, adulatori, affini

Fede e gli altri

C'è il pericolo di smarrirsi nelle attestazioni di "fede" dei fedelissimi di Berlusconi. È una "fede", e basta. Emilio Fede dà ampio spazio televisivo a Berlusconi. Già il 28 novembre 1993, dopo la movimentata, storica conferenza stampa del Cavaliere alla stampa estera di Roma, il direttore del *Tg4* annuncia che l'evento *"ha avuto echi in tutto il mondo"*. Qualcuno maligna: Rete 4 non è la CNN e Berlusconi non è Clinton. Fede concede:
"Sì, Berlusconi non è Clinton, ma potrebbe diventarlo".
(*La Repubblica*, 28 novembre 1993)

Le tirate del *Tg4* per Berlusconi non si contano e non si notano più. Ma ogni tanto i tracciati delle notizie di Fede superano la foschia del tifo quotidiano.

Come quando mette in guardia che:
"Fonti americane vicine al Pentagono avrebbero avvisato Berlusconi di essere, tra gli uomini politici, quello più a rischio come bersaglio di attentati".
(*Ansa*, 30 ottobre 1995, ore 20.26)

L'ufficio stampa di Forza Italia comunica di non voler fare commenti. E il prefetto di Milano, Giacomo Rossano, dice di non saperne nulla.

Nella concitazione, a volte, Fede incappa in clamorosi autogol. Fede :
"Il bene del Paese è il suo unico obiettivo. Io stesso non lo sento da un mese".
(*Ansa*, 20 luglio 1995, ore 20.23)

Del resto anche Fede conosce la disobbedienza civile. Il 31 maggio 1995 dà conto delle polemiche su Berlusconi e dintorni, ma alla fine non ne può più di diretta Tv e dice:
"Adesso dovrei parlare degli altri fatti di cronaca della giornata, ma non ho più voglia di parlare del resto. Ho tanta rabbia dentro che non intendo manifestare con toni e parole urlate. Però chiedo ai tecnici di spegnere le luci dello studio. Per oggi basta, ci vediamo domani".
(*Ansa*, 31 maggio 1995, ore 18.37)

Più tardi spiega ai giornalisti:
"Non è più questione del caso Berlusconi o del caso Publitalia. C'è piuttosto un'aggressione totale. Qui ci sentiamo tutti imputati, e questo non è possibile. È come trovarsi sotto una pioggia torrenziale senza ombrello, o comunque senza la possibilità di aprirlo. Siamo veramente angosciati".
(Idem)

Oltre Fede

Fedele Confalonieri:
"Lui non è capo da collina, lui sta sempre in trincea".
(*Panorama*, 7 settembre 1986)

"Berlusconi è l'uomo più geniale e generoso del mondo, mi ha reso ricco".
(*La Repubblica*, 7 marzo 1996)

"Io nella Tv ho conosciuto un solo 'Gesù Cristo' ed è il nostro Presidente".
(*Ansa*, 18 settembre 1995, ore 18.03)

Adriano Galliani:

"Ma una sera di ottobre mi invita a pranzo e, che dire, mi sono innamorato di lui dopo pochi minuti".
(*La Repubblica*, 9 ottobre 1994)

Sandro Bondi:
"L'Italia, grazie al Presidente Berlusconi, sta svolgendo un'azione storica all'altezza delle sue vocazioni universali".
(*Ansa*, 15 settembre 2002, ore 12.19)

Maurizio Mosca:
"L'unico che ha coraggio, l'uomo che ha fatto più di tutti in Italia".
(*La Repubblica*, 30 novembre 1993)

Carlo Taormina (sulla crisi irachena):
"Il premier italiano è riconosciuto come l'uomo politico più autorevole della comunità internazionale per trovare una soluzione e persino per conservare la pace".
(*Agi*, 12 febbraio 2003, ore 15.28)

Il culto del capo

Nel suo piccolo, anche Berlusconi ha chi lavora per farne un mito. L'estate scorsa un breve resoconto d'agenzia esalta le gesta atletiche del Cavaliere.

Succede che gli "azzurri" Antonio Tajani, Guido Viceconte e Mario Pepe si presentano in calzoncini davanti alla villa del premier, a Porto Rotondo, per l'onore di uno "jogging rigenerante", o corsetta che dir si voglia. Ottenuto lo scopo, i tre pagano assai duramente l'ardire di star dietro a Berlusconi.
"Si è saputo infatti - riferisce l'agenzia - *che dopo la performance di ieri mattina, Viceconte è stato costretto a letto per un colpo della strega, Mario Pepe, come ha raccontato egli stesso, per star dietro a Berlusconi a momenti rimaneva infartuato, mentre Tajani, per riprendersi, è rimasto per tutta la giornata a riposo in camera".*
(*Ansa*, 26 agosto 2002, ore 20.47)

Dispaccio da Washington

Il servizio segreto americano ha impedito oggi ad un deputato di Forza Italia di consegnare al Presidente George W. Bush una copia di un libro di Silvio Berlusconi.
L'on. Umberto Giovine, invitato a Washington alla annuale 'Colazione di Preghiera' che vede la tradizionale partecipazione dei Presidenti USA, si era presentato con una copia del libro di Berlusconi *L'Italia che ho in mente...*

Giovine non si è perso d'animo: *"Gli farò avere il libro per posta"*.
(*Ansa*, 1 febbraio 2001, ore 20.49)

Mancava il Nobel

Nella corsa alla glorificazione di Berlusconi mancava la richiesta del premio Nobel per la pace. A spingersi nel territorio inesplorato è un senatore cosentino di Forza Italia, Antonio Gentile. Ci pensa lui a lanciare con enfasi la candidatura del Cavaliere al prestigioso riconoscimento. Tra i meriti di Berlusconi annovera *"l'ingresso della Russia nella NATO"*.
(*Ansa*, 2 agosto 2002, ore 16.07)

Mai saputo. Tra i firmatari della richiesta ci mette anche quello del giornalista Mario Campanella che, si scoprirà, è il suo portavoce.
L'allegra brigata si rifà viva a fine mese, annunciando ampie adesioni, tra cui quelle di *"alcuni vescovi italiani"*.
(*Ansa*, 28 agosto 2002, ore 19.02)

Non vedendo folle oceaniche che chiedono il Nobel per Berlusconi, Gentile si irrita e ricorda energicamente che la sua proposta:
"è tremendamente oggettiva e se si guardassero i fatti, senza il pregiudizio 'lombrosiano' di cui è vittima il Presidente del Consiglio, molti ci darebbero ragione".
(*Ansa*, 31 agosto 2002, ore 14.58)